# Le Bestiaire de Leen

Copyright 2017 par Pegasus Coloring Book
Illustrations: Leen Margot
Tous droits réservés

Toute représentation ou reproduction intégrale ou partielle faite sans le consentement de l'auteur ou de ses ayants droits ou ayants causes est illicite. Il en est de même pour la traduction, l'adaptation ou la transformation, l'arrangement ou la reproduction par un procédé quelconque.

# Leen Margot

# Le Bestiaire de Leen

Livre de coloriage pour adultes

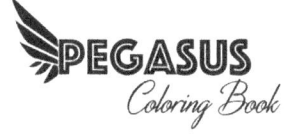

# Bienvenue dans mon Bestiaire !

Entrez dans une galerie où vous découvrirez une série d'animaux constitués de feuilles et de fleurs, un livre où la faune et la flore se croisent et se confondent pour donner naissance à mes dessins.
Pourquoi les animaux ? J'aime la nature en général et les animaux en particulier.

Je soutiens de différentes façons des associations de défenses des animaux, de la protection des chats, au soutien des projets artistiques de sensibilisation pour les espèces en voie de disparition. Vous retrouverez d'ailleurs dans ce livre le pangolin, la baleine et son baleineau, le marsouin, l'éléphant, le rhinocéros noir, le cacatoès ... et bien d'autres encore !

La créativité est accessible à tous, je le vois tous les jours dans vos coloriages de mes dessins sur les réseaux sociaux. Comment colorier ? En vous amusant! Vous êtes créatifs, n'en doutez pas un instant ! Si vous avez un doute pour l'association des couleurs, vous pouvez utiliser le principe des couleurs complémentaires à l'aide d'un cercle chromatique (vous trouverez un cercle dans ce livre ainsi qu'un article explicatif complet dans la rubrique blog de notre site internet) ou bien suivre votre instinct et vos envies, tout simplement.

L'essentiel est de s'amuser, de tenter, d'essayer, de se tromper et de progresser à son rythme au gré de ses envies. Lâchez prise et amusez-vous surtout !

Vous pouvez utiliser des crayons de couleurs, ou des feutres. Les feutres à alcool également, car il n'y a pas de coloriage au verso.

Retrouvez-moi sur les réseaux sociaux et n'hésitez pas à partager vos créations avec le hashtag **#lebestiairedeleen**.

Découvrir vos différentes créations et interprétations est toujours un bonheur pour moi. J'ai hâte de voir vos merveilles !

Merci pour votre soutien à tous, merci à mon mari et mes enfants Manon et Valentin, à ma famille, à mes amis, et aux colorieuses qui sont devenues des amies au fil de nos échanges et rencontres.

Leen

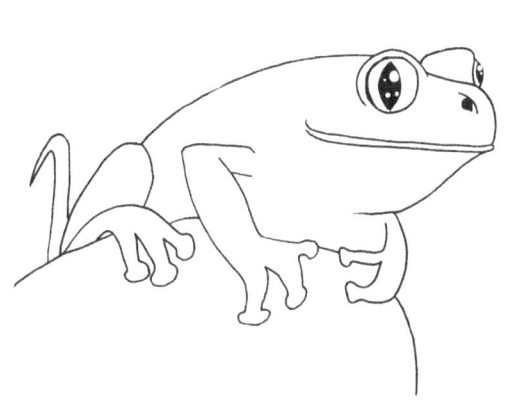

# Le cercle chromatique à colorier

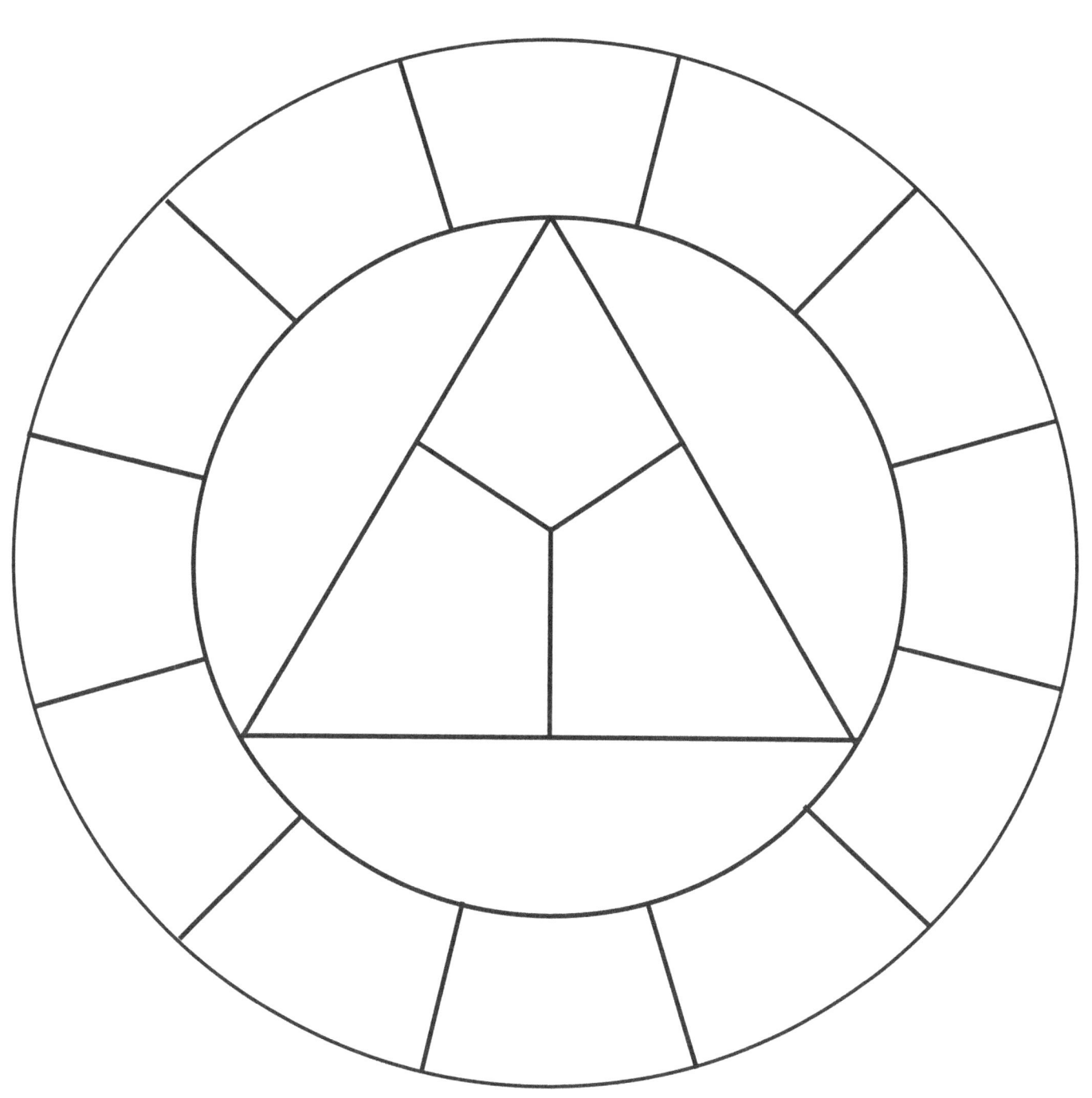

# Testez vos crayons ici

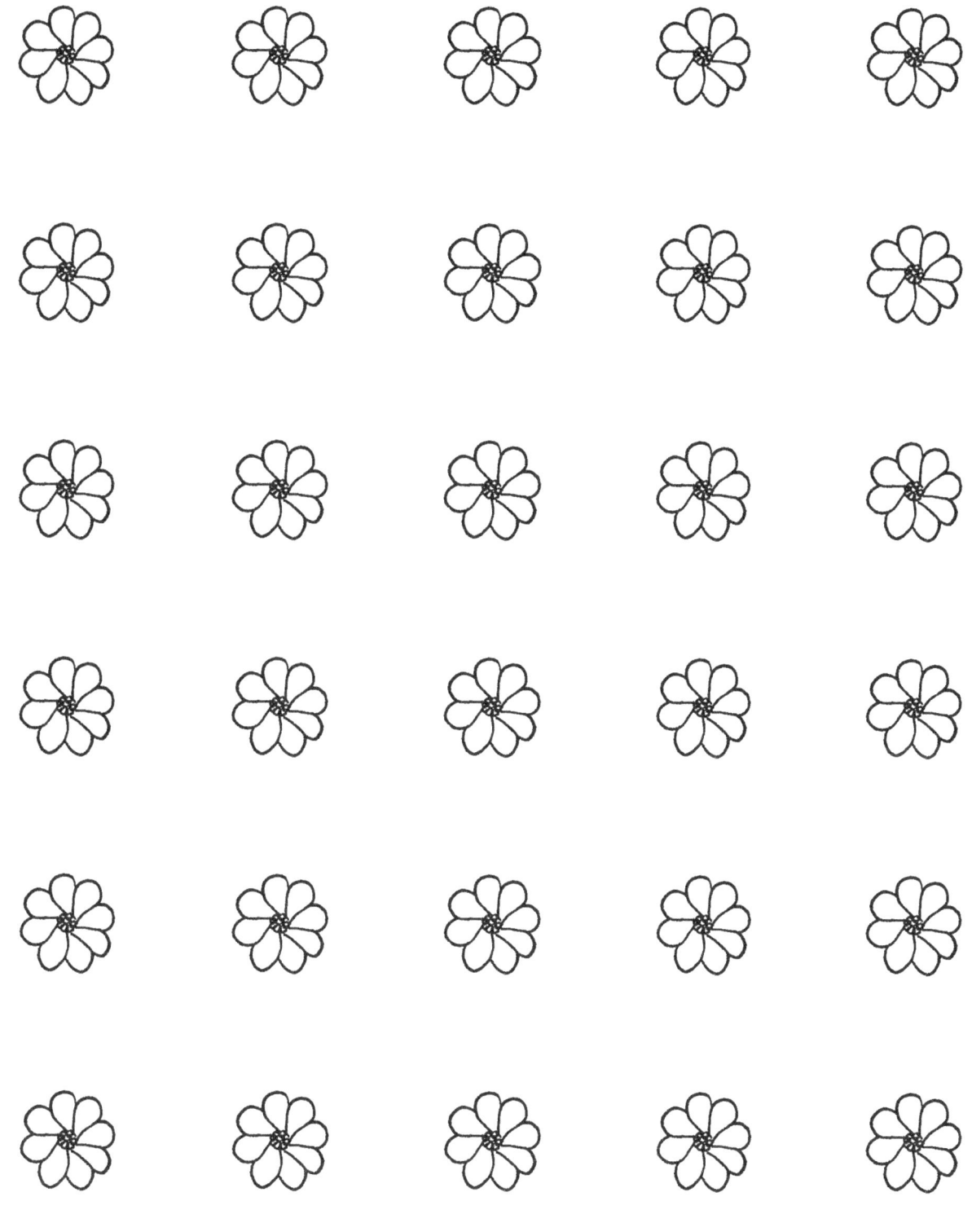

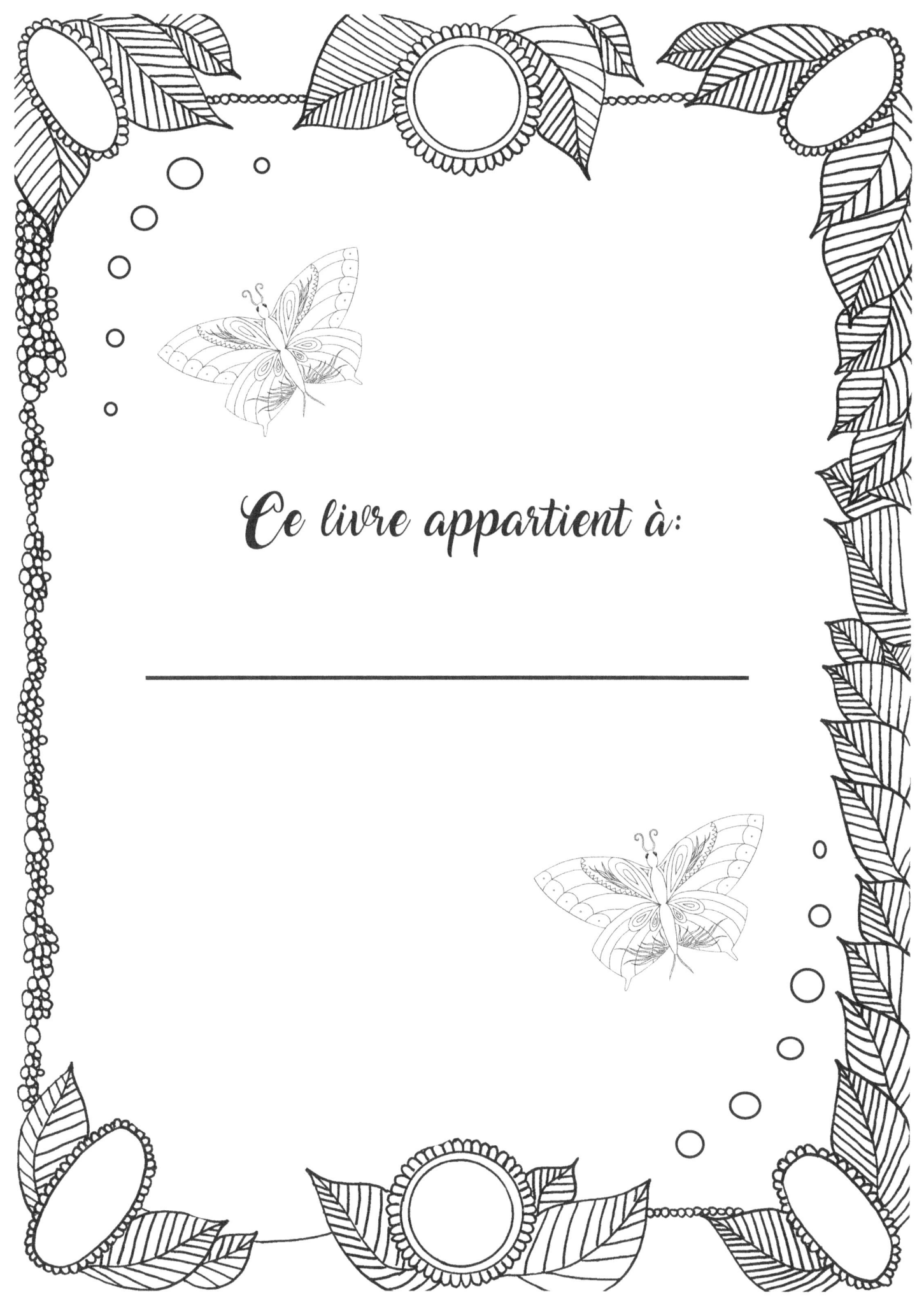

Ce livre appartient à:

_____

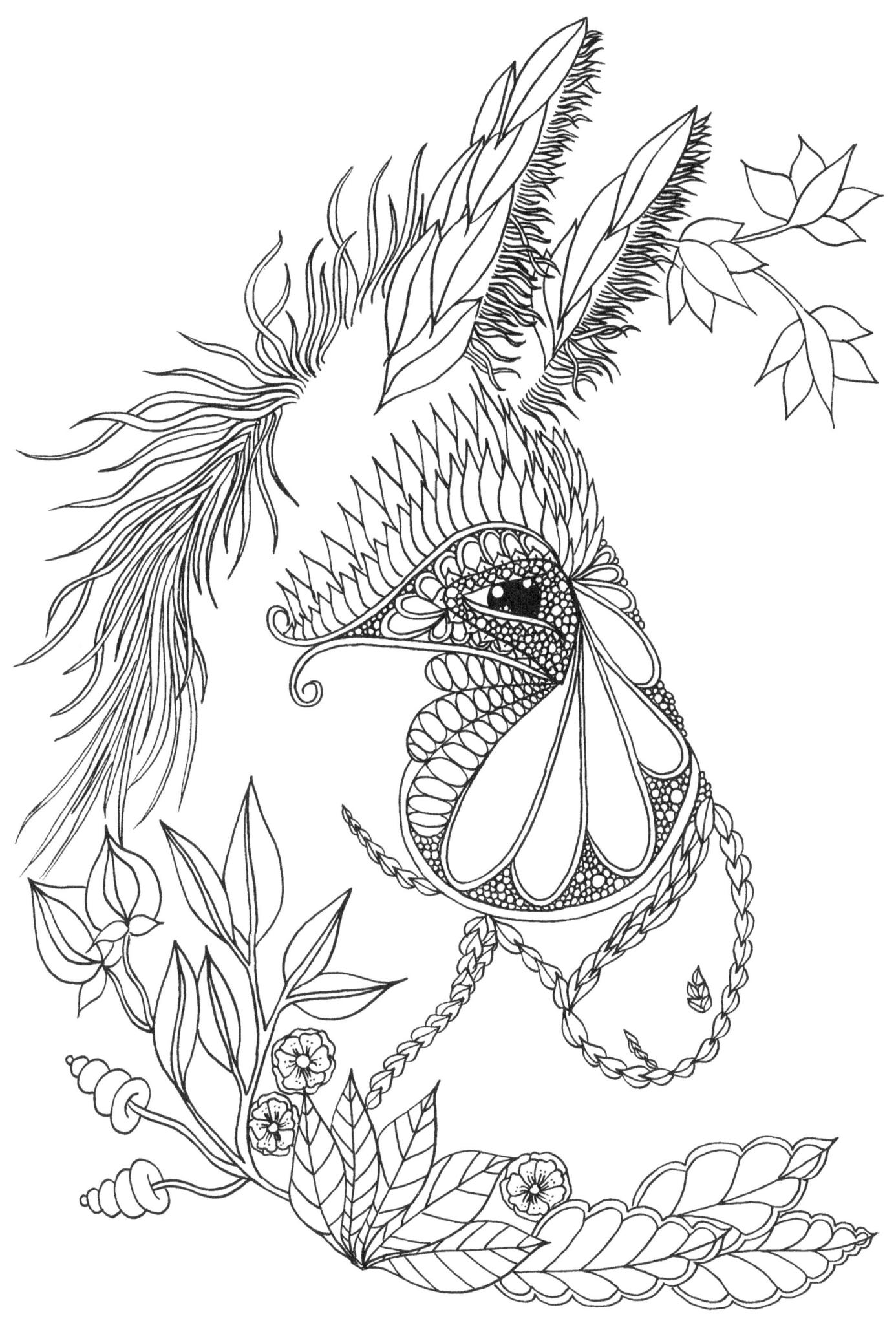

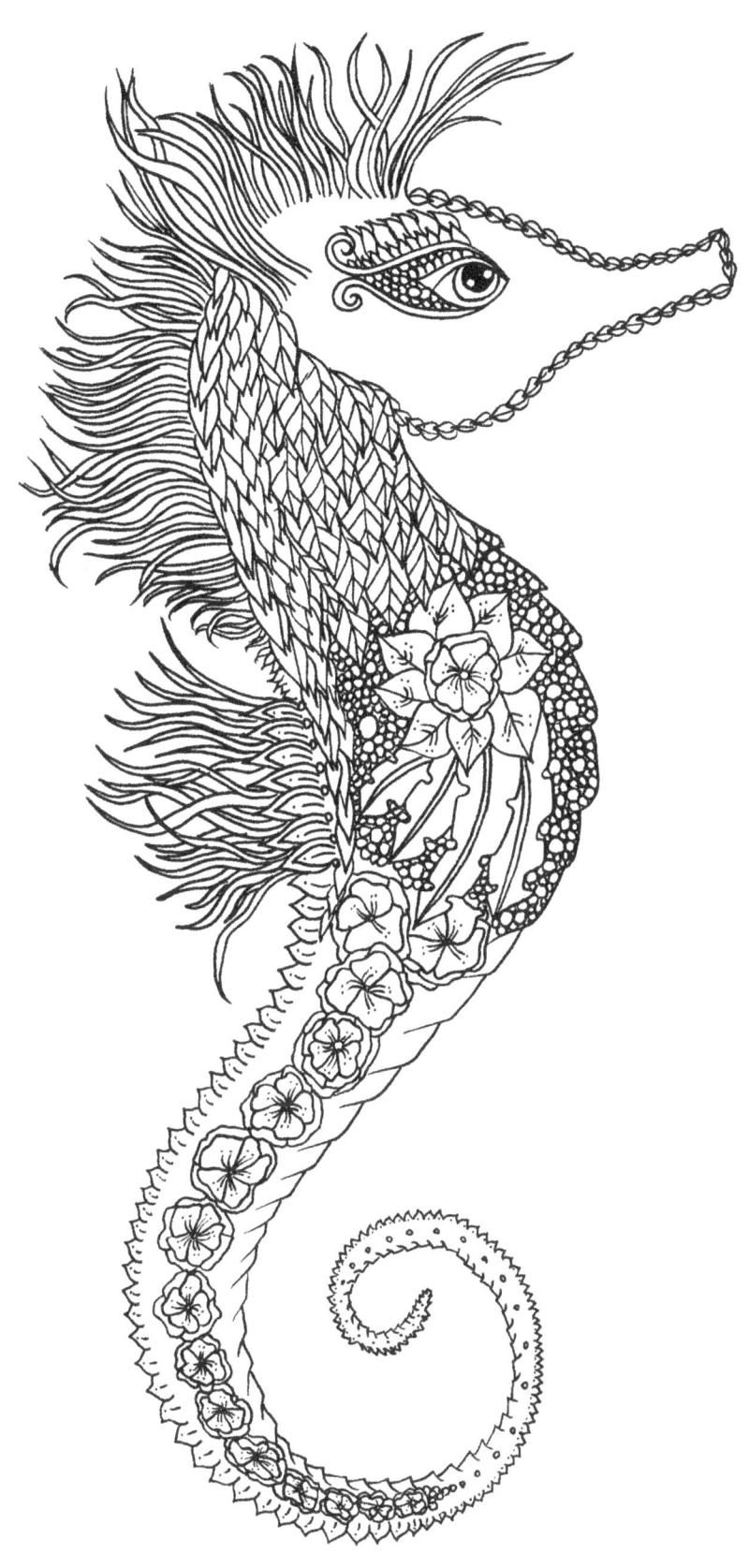

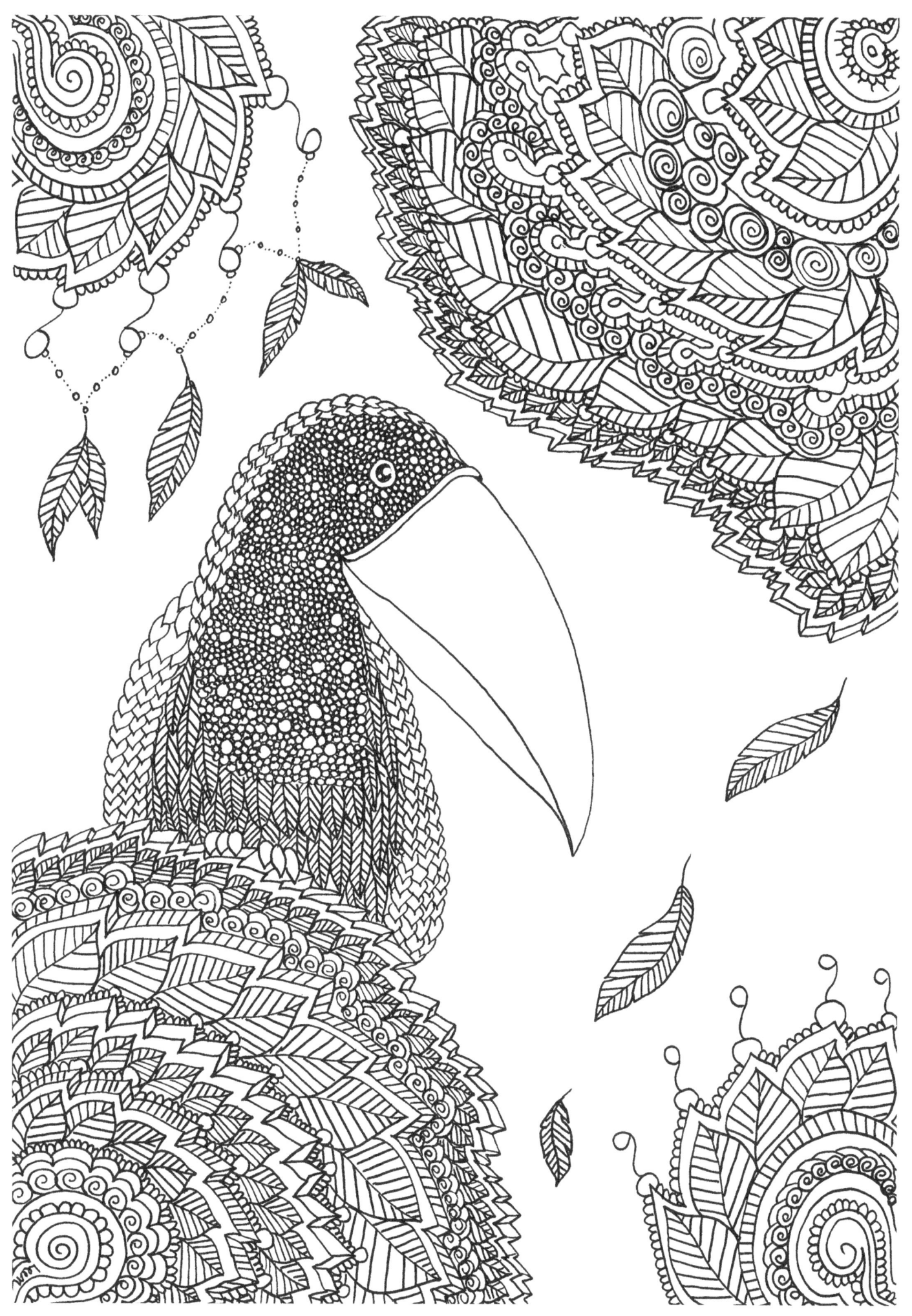

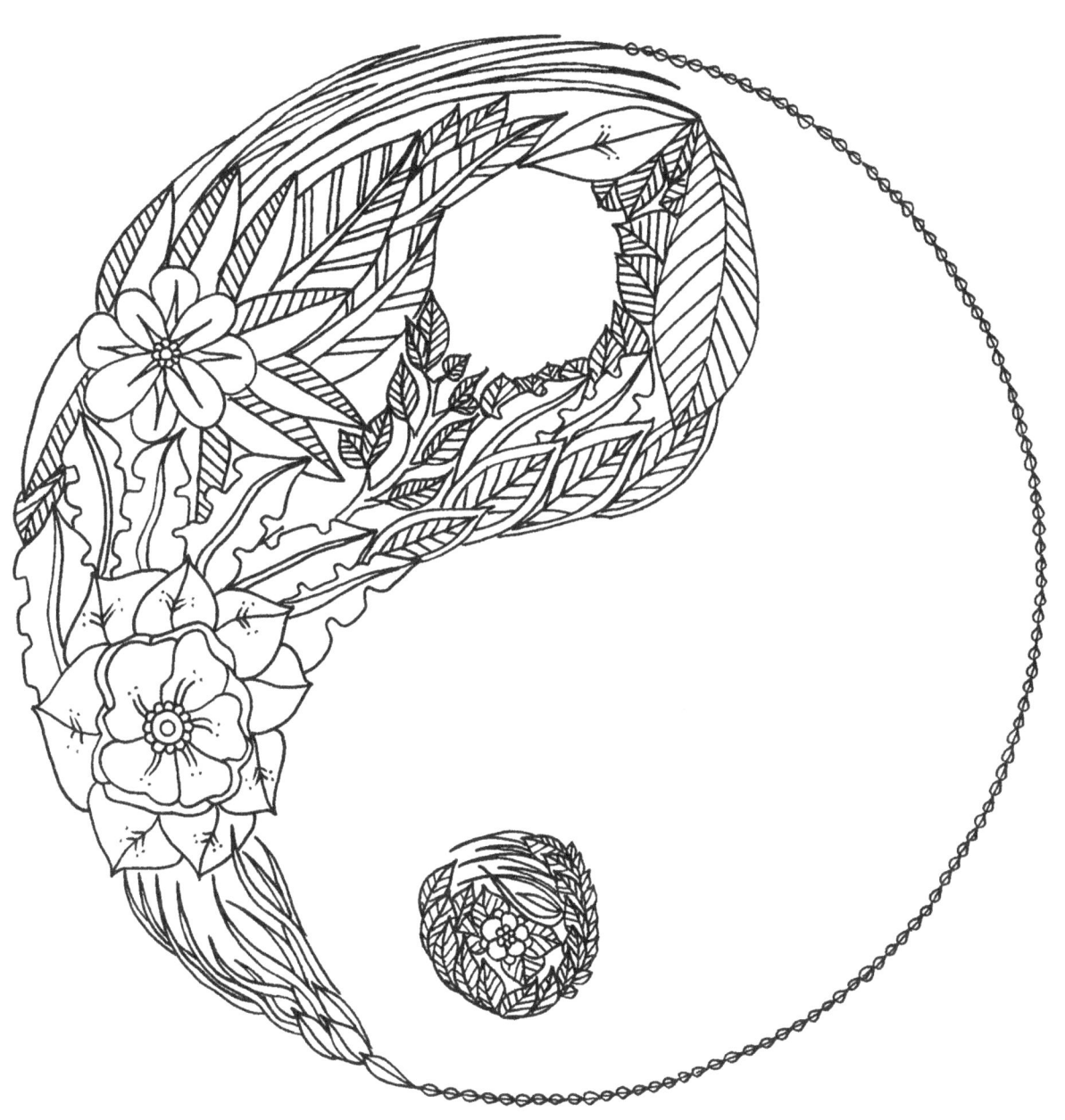

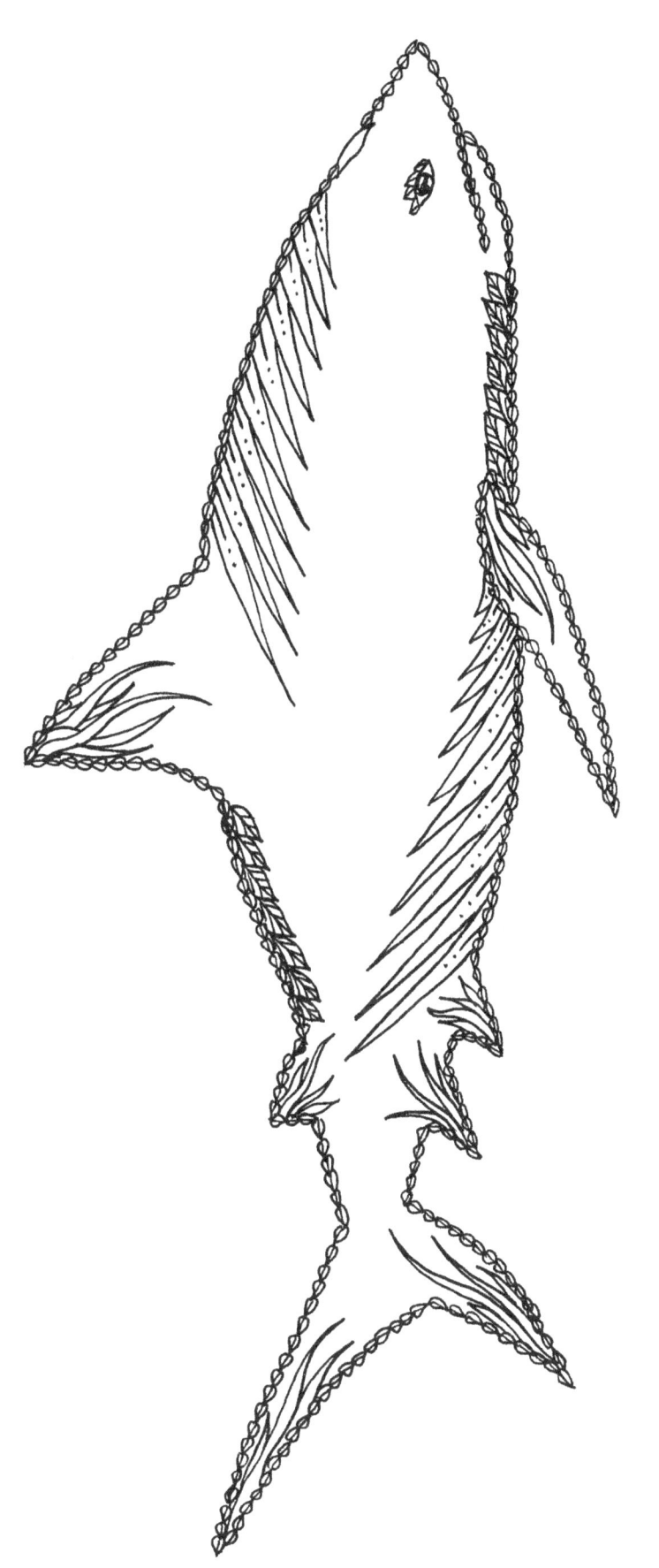

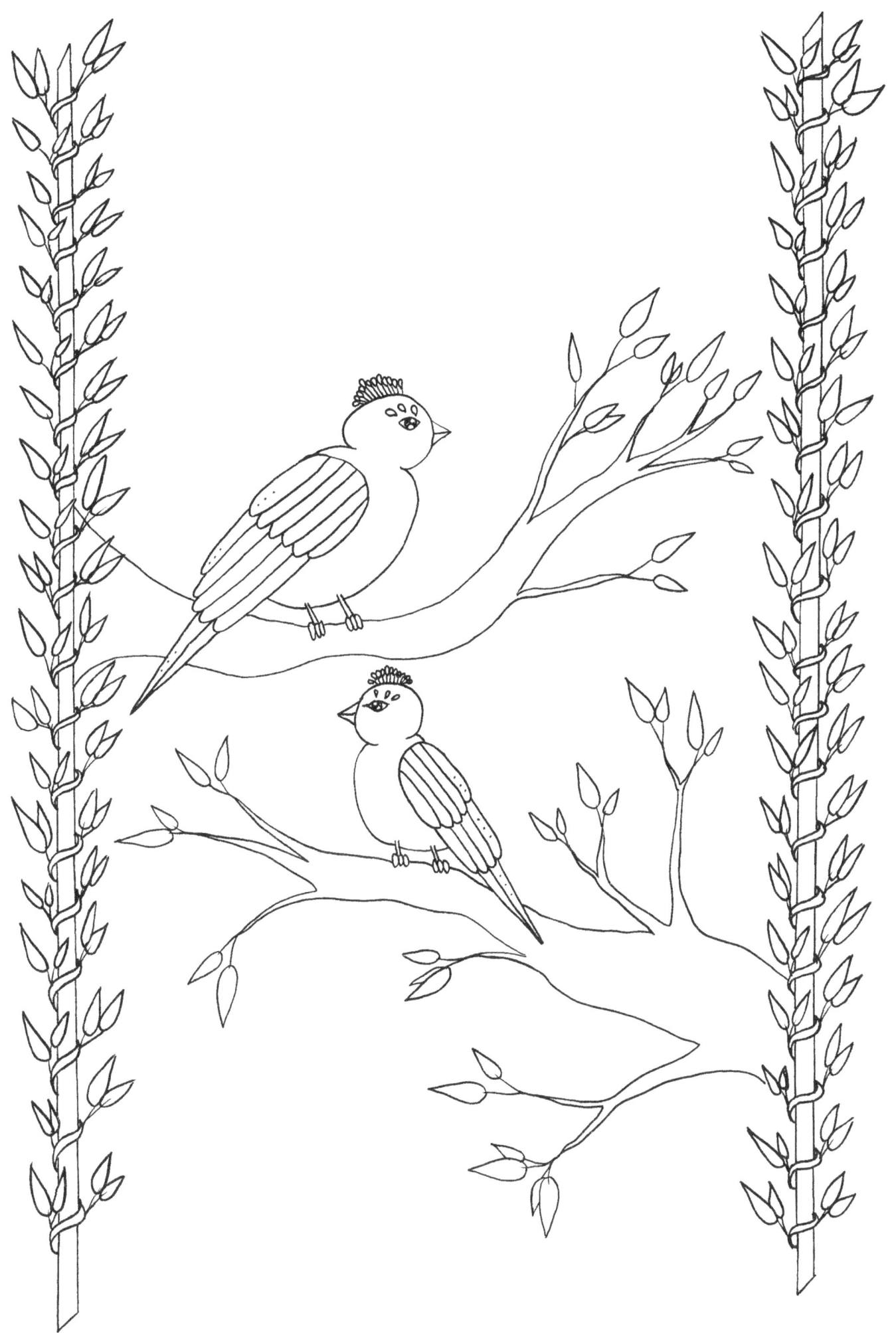

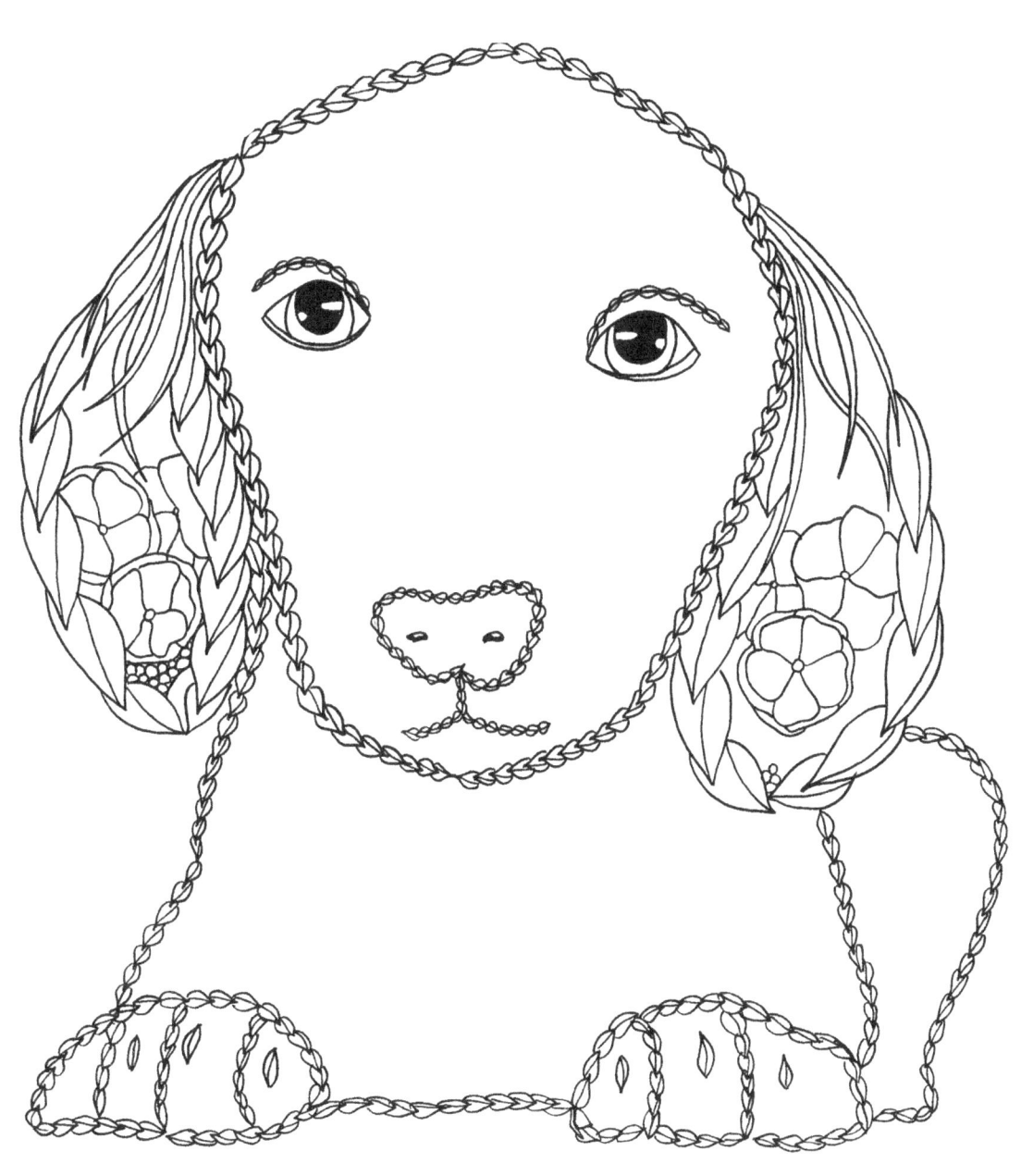

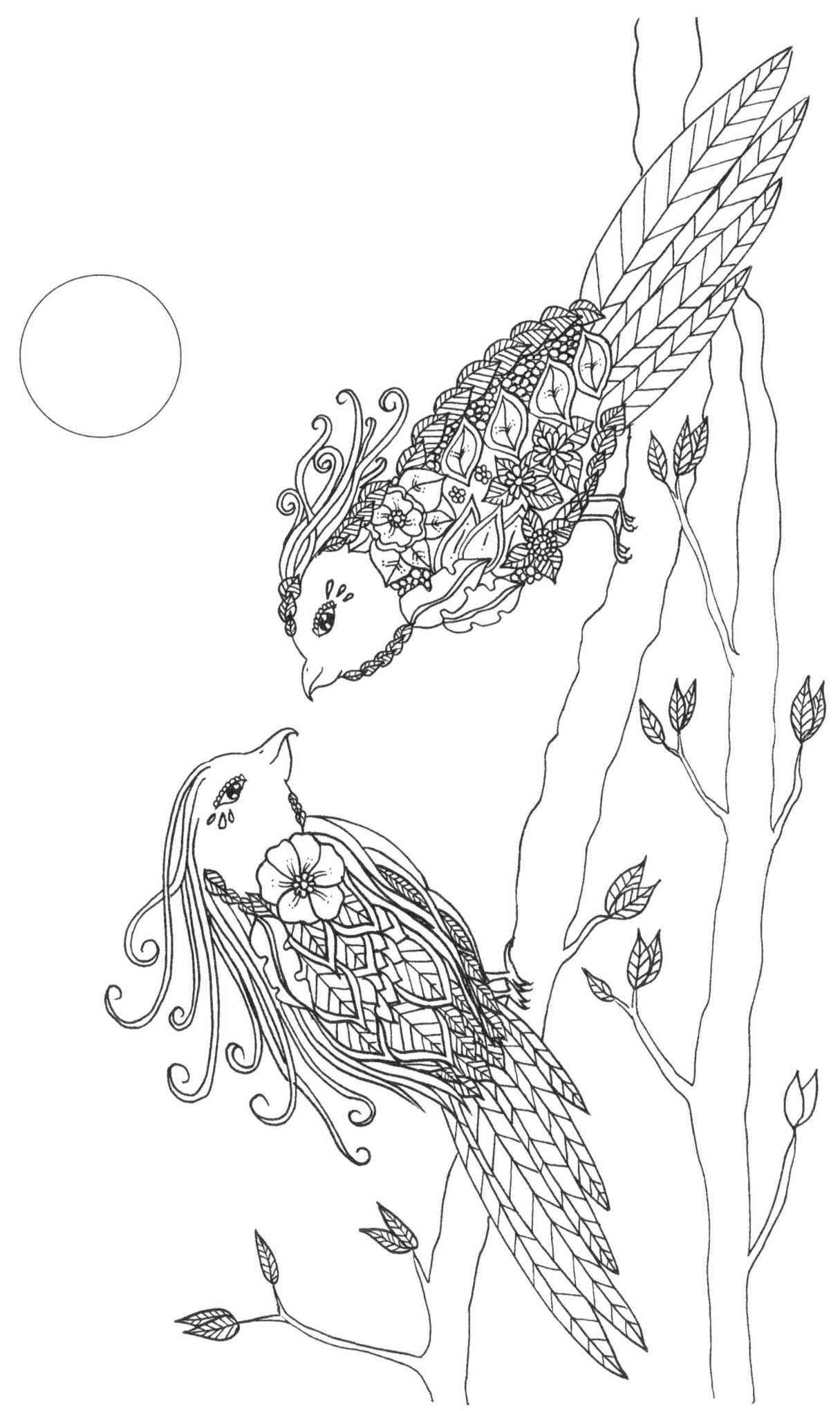

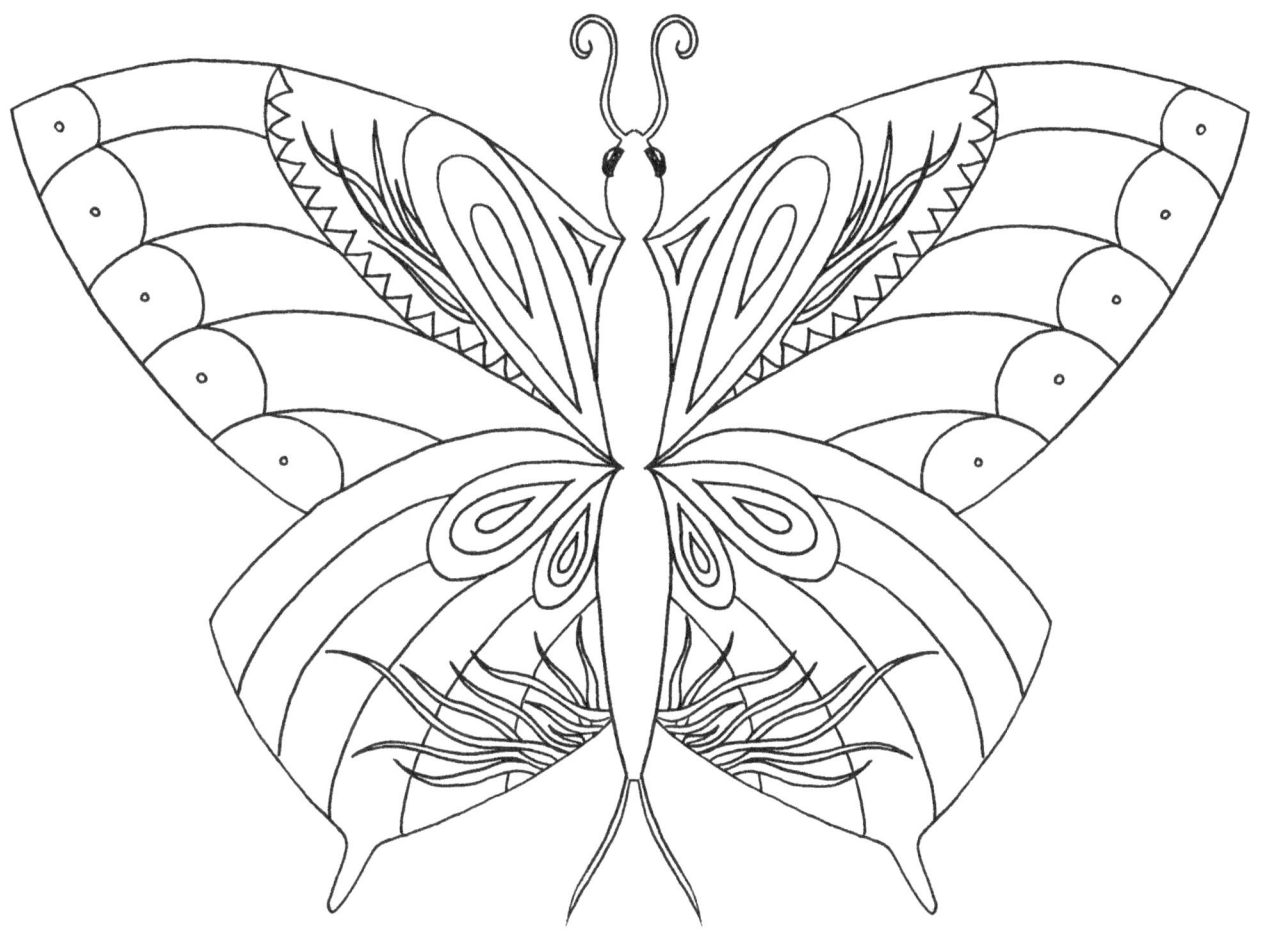

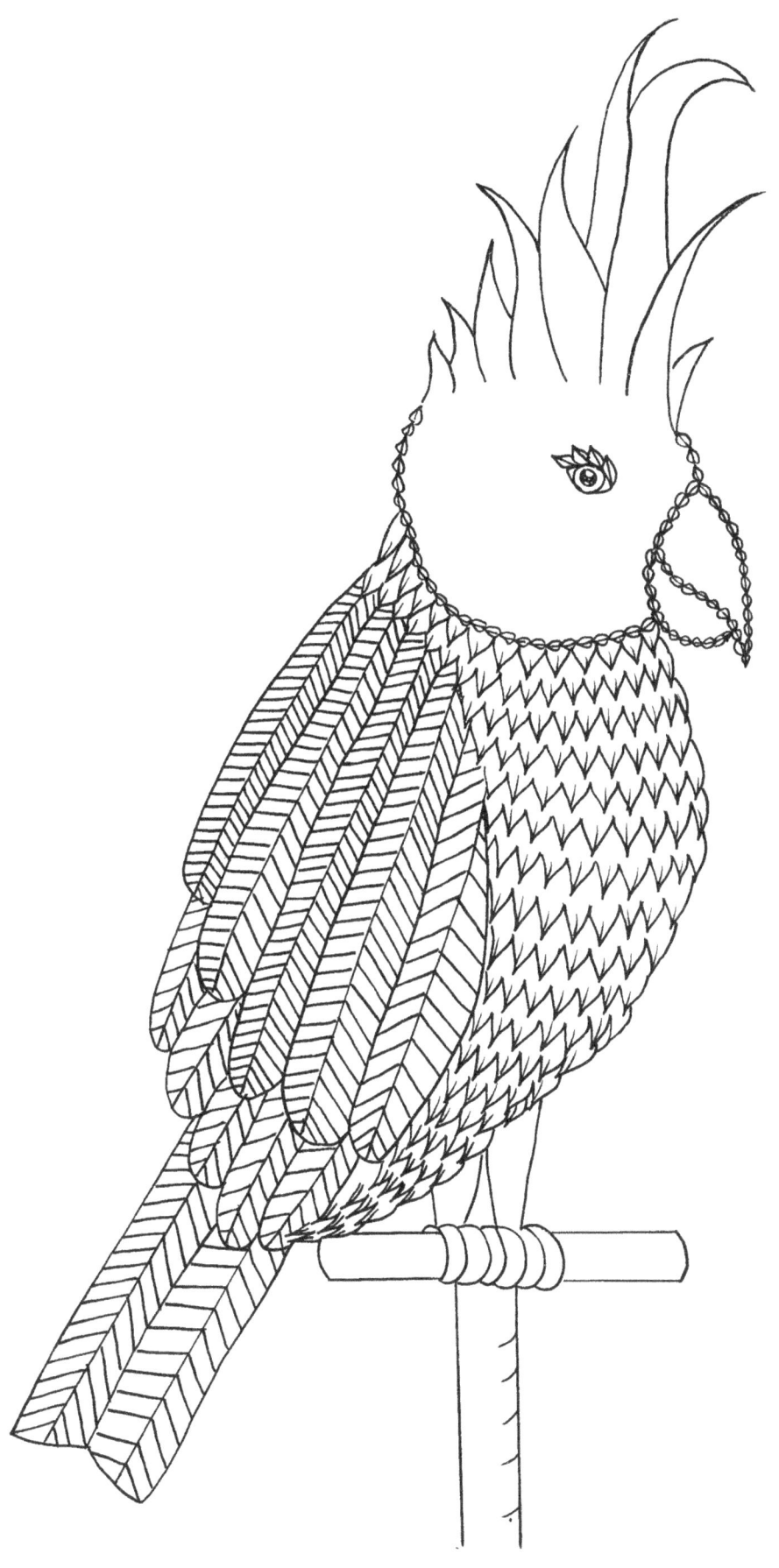

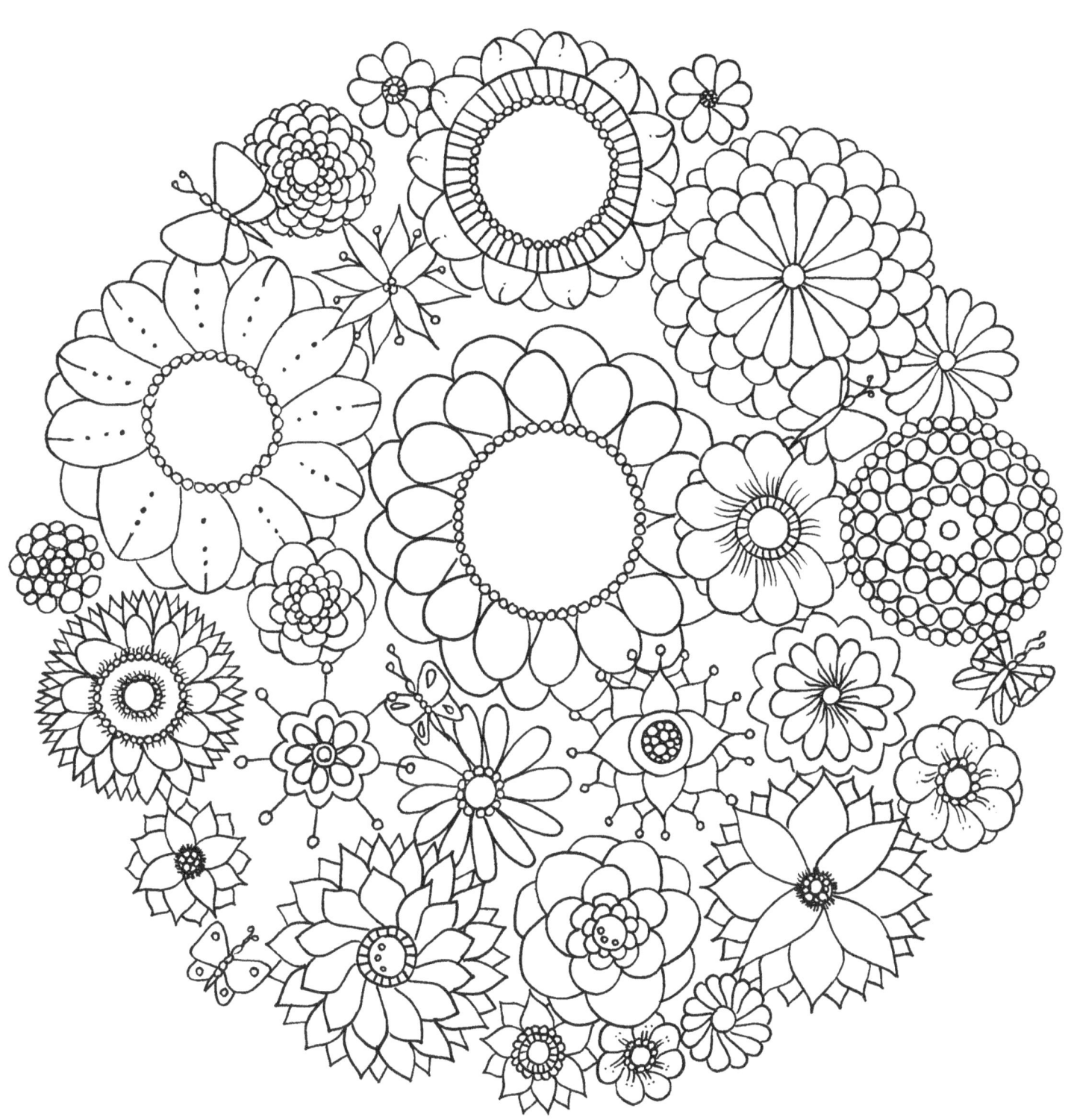

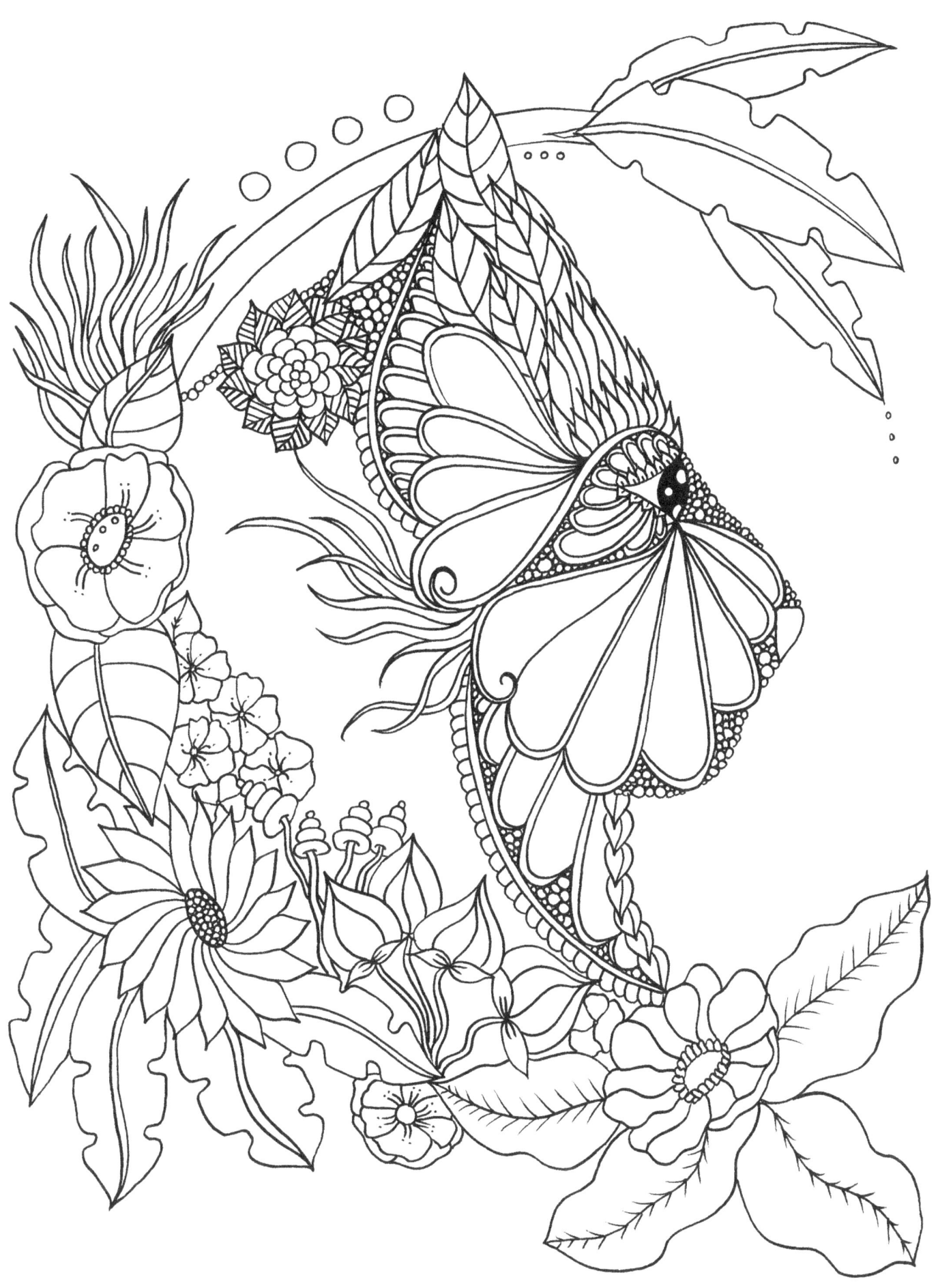

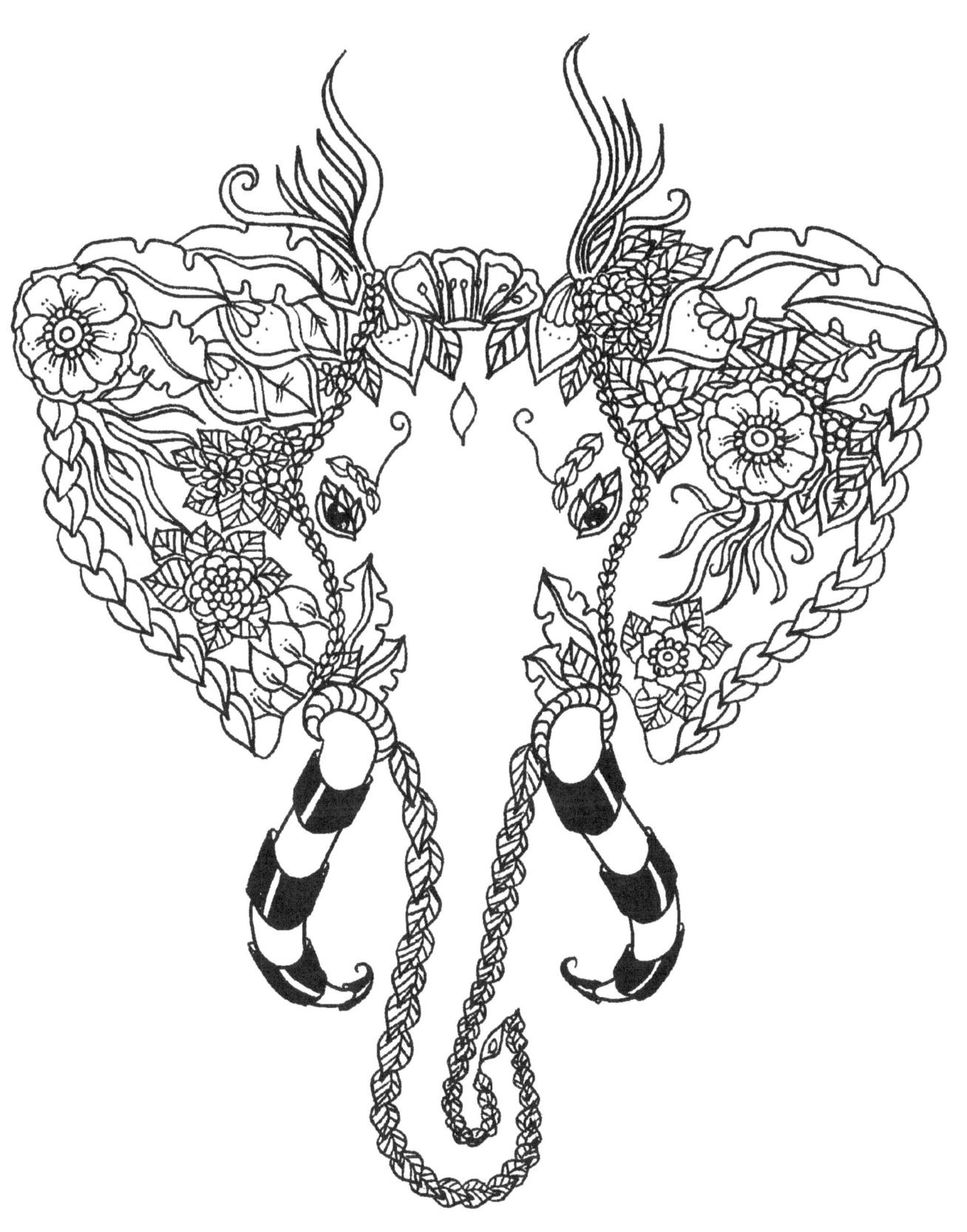

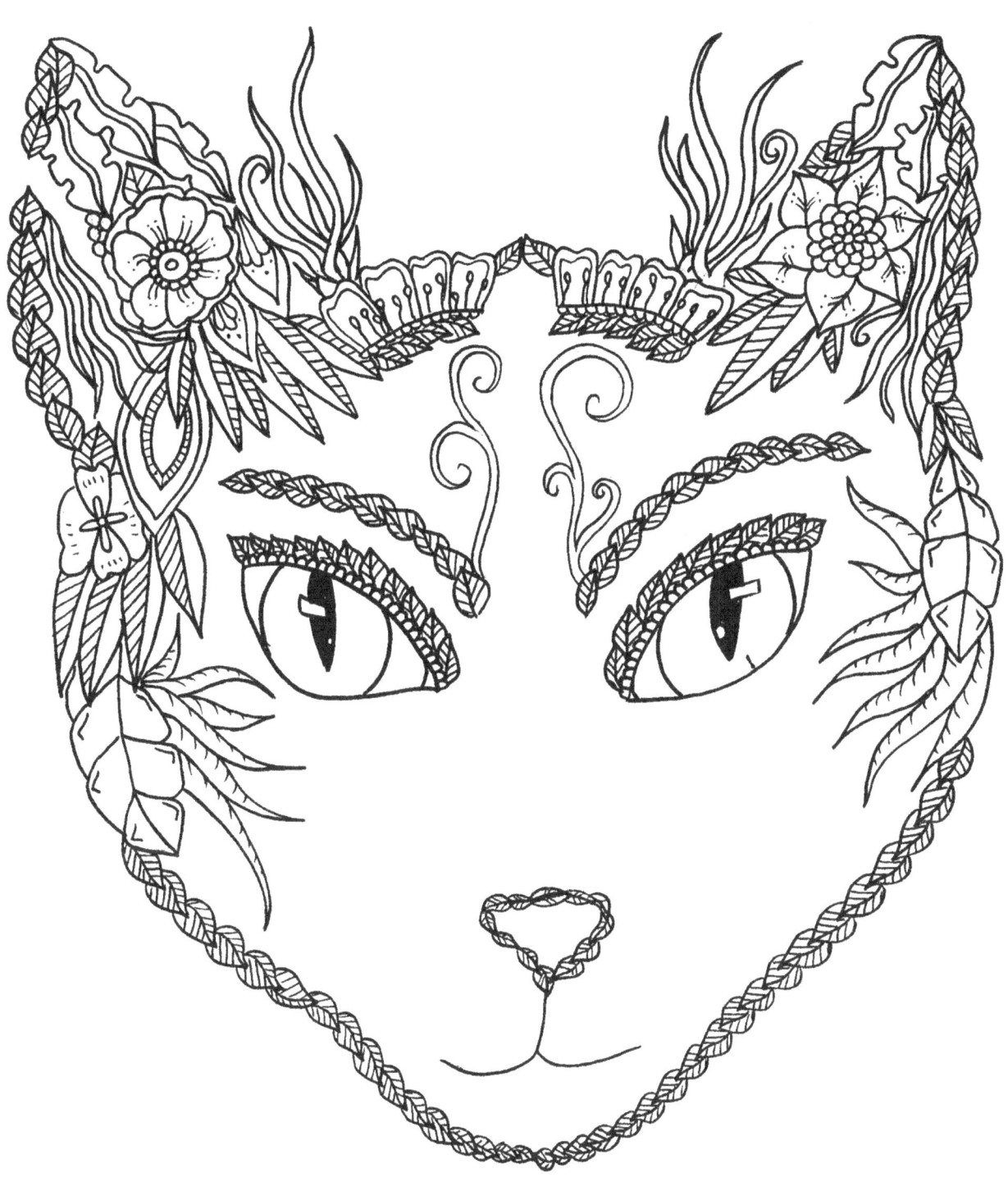

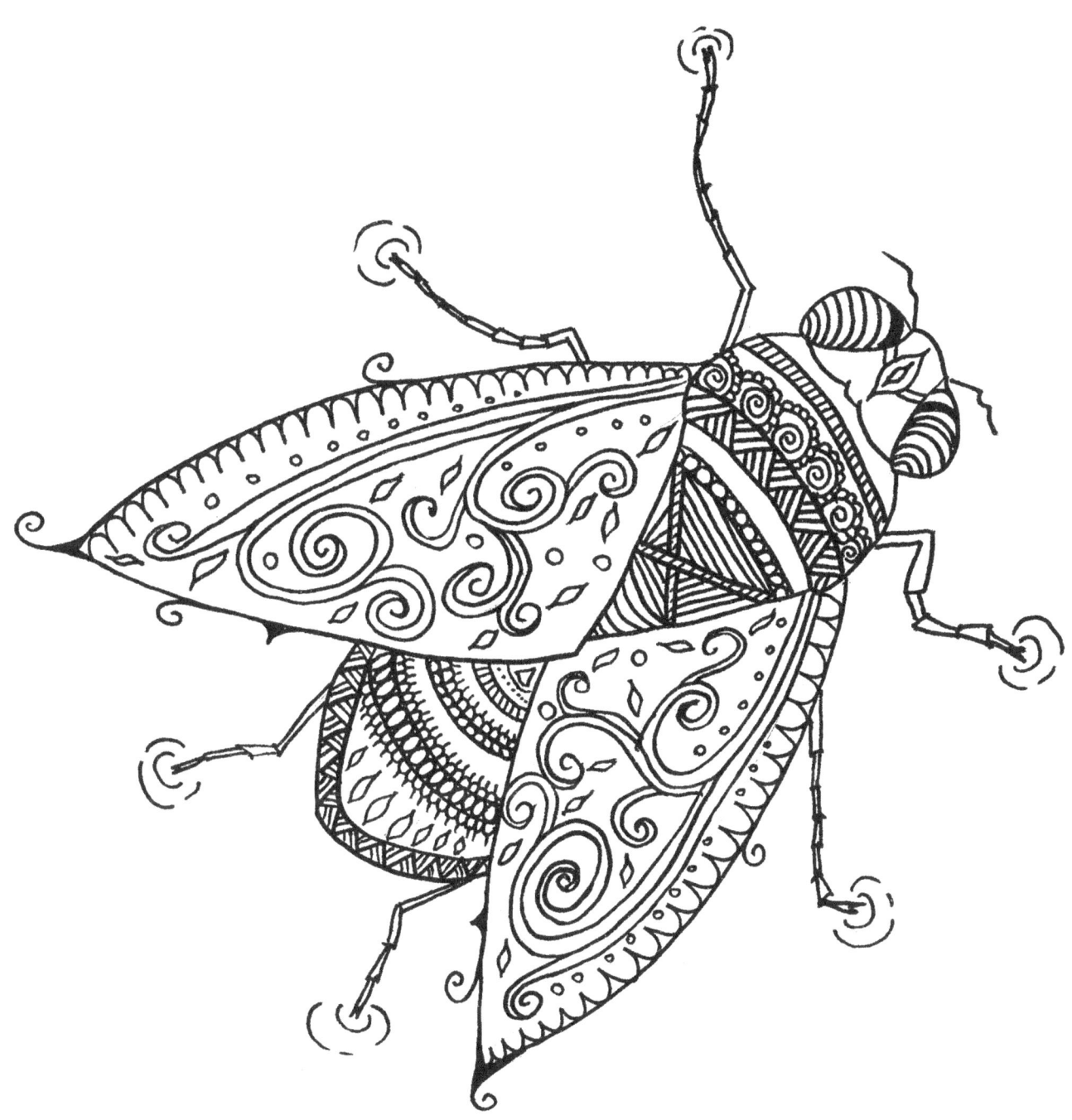

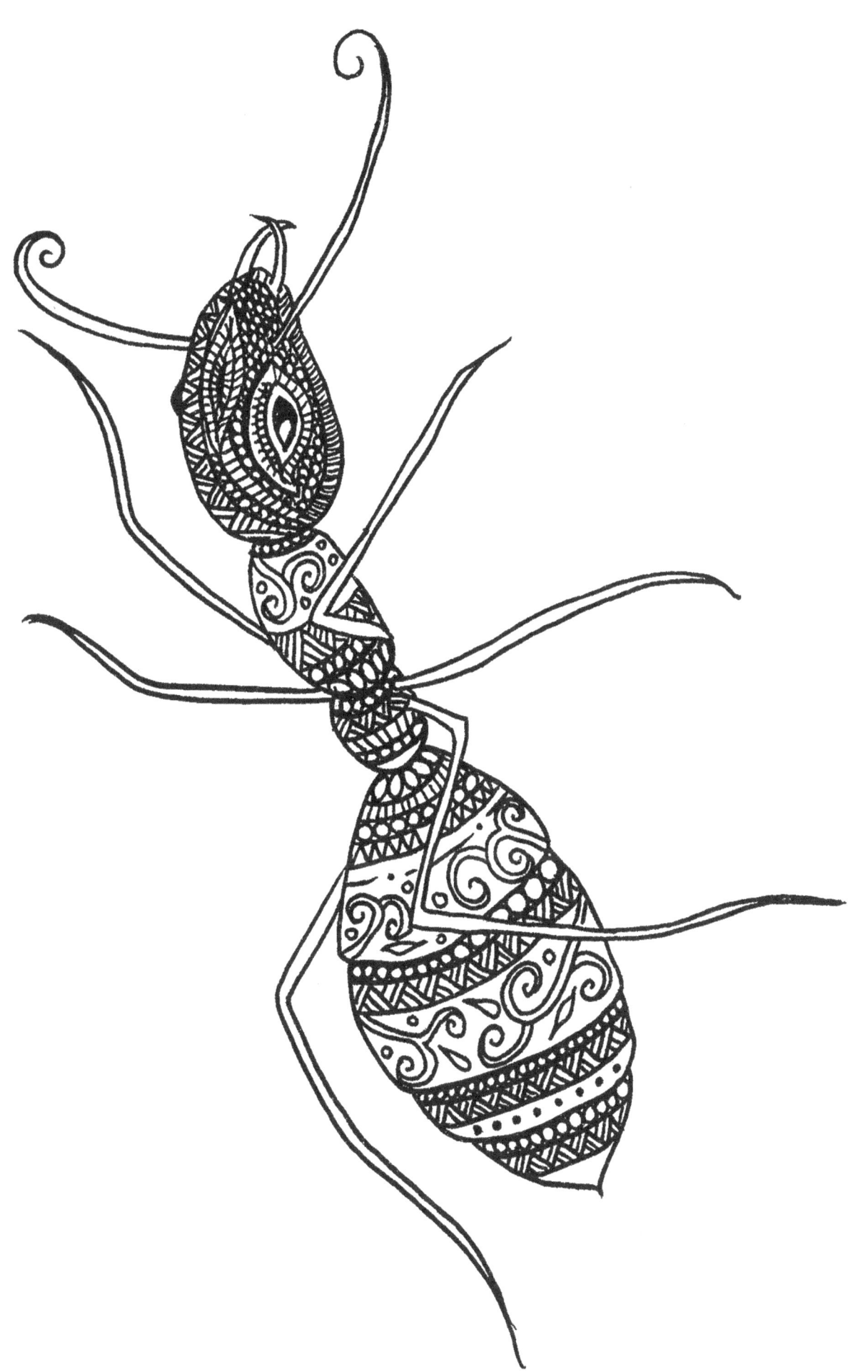

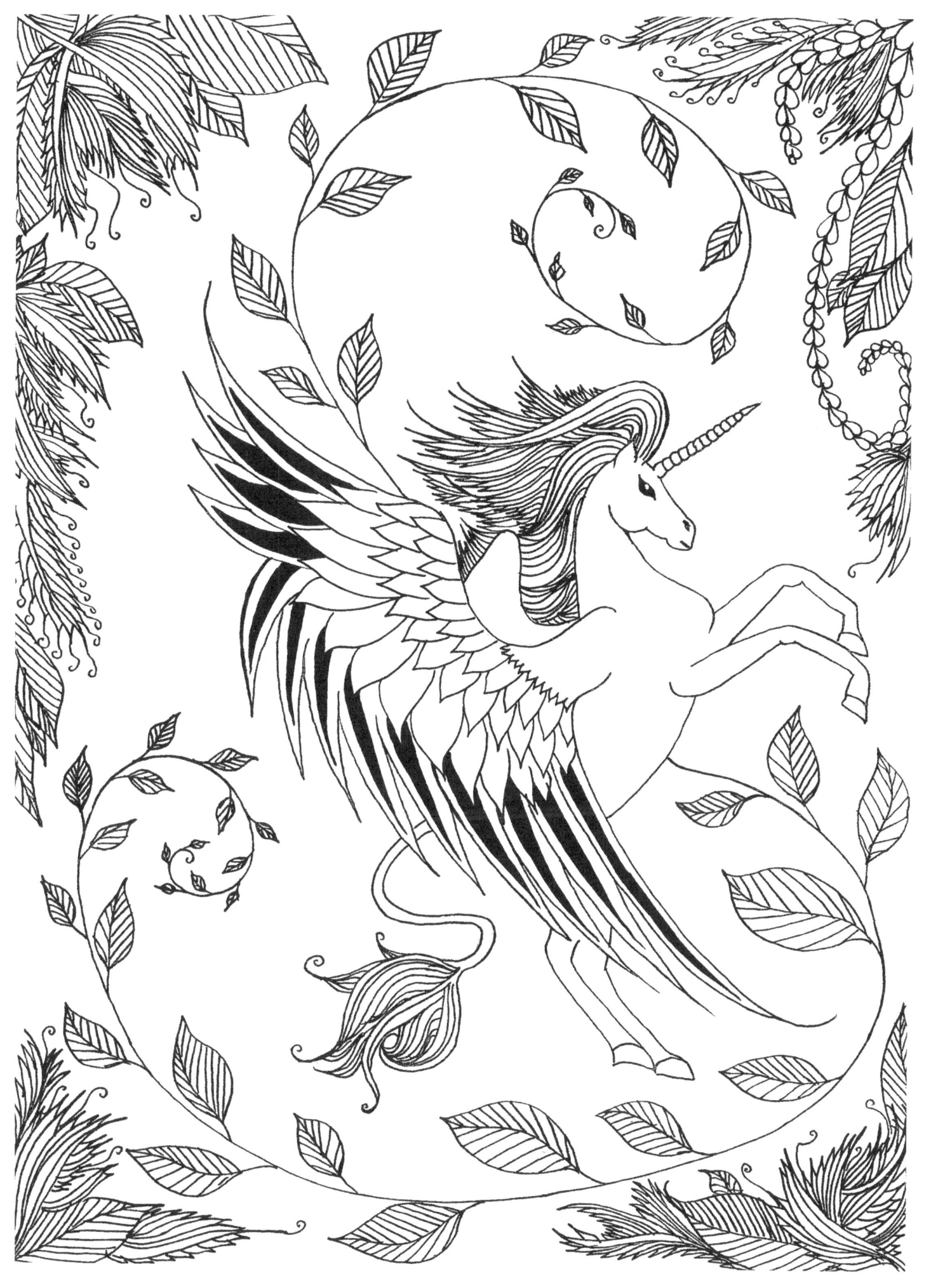

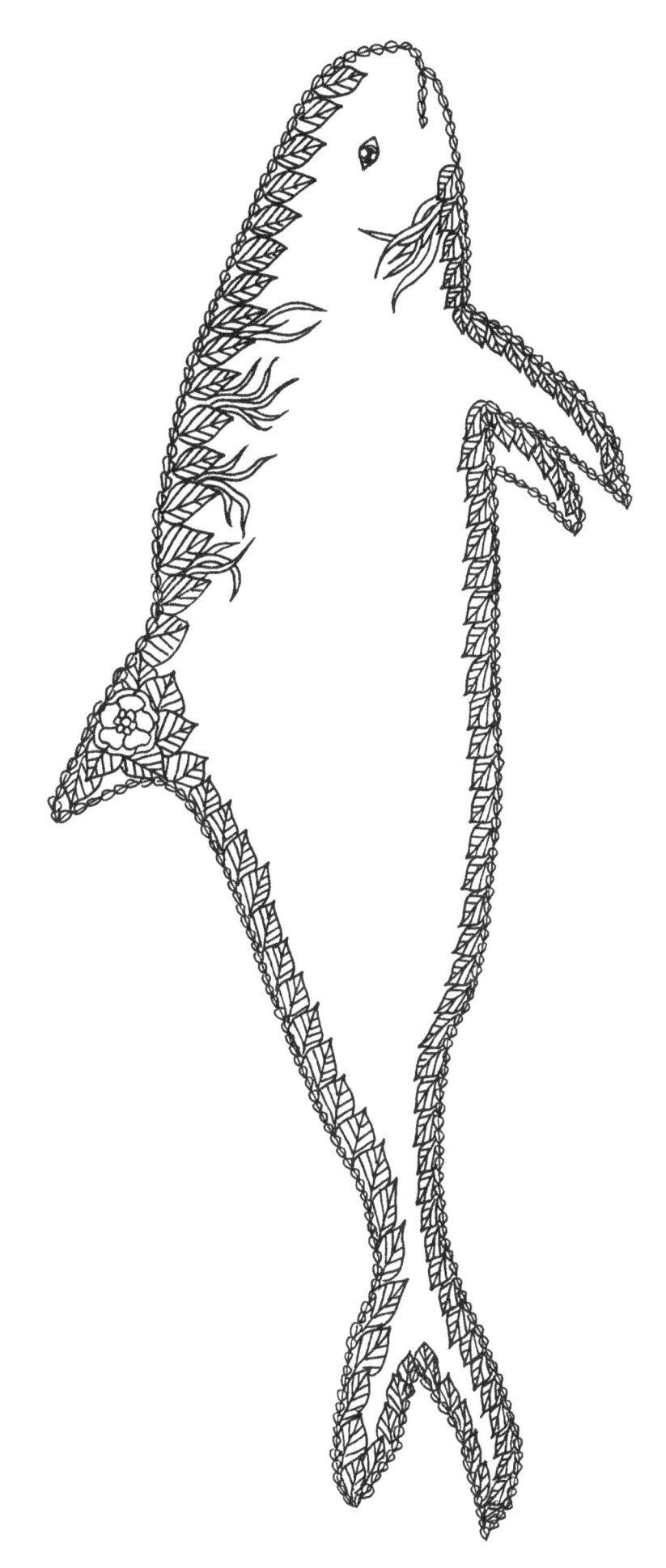

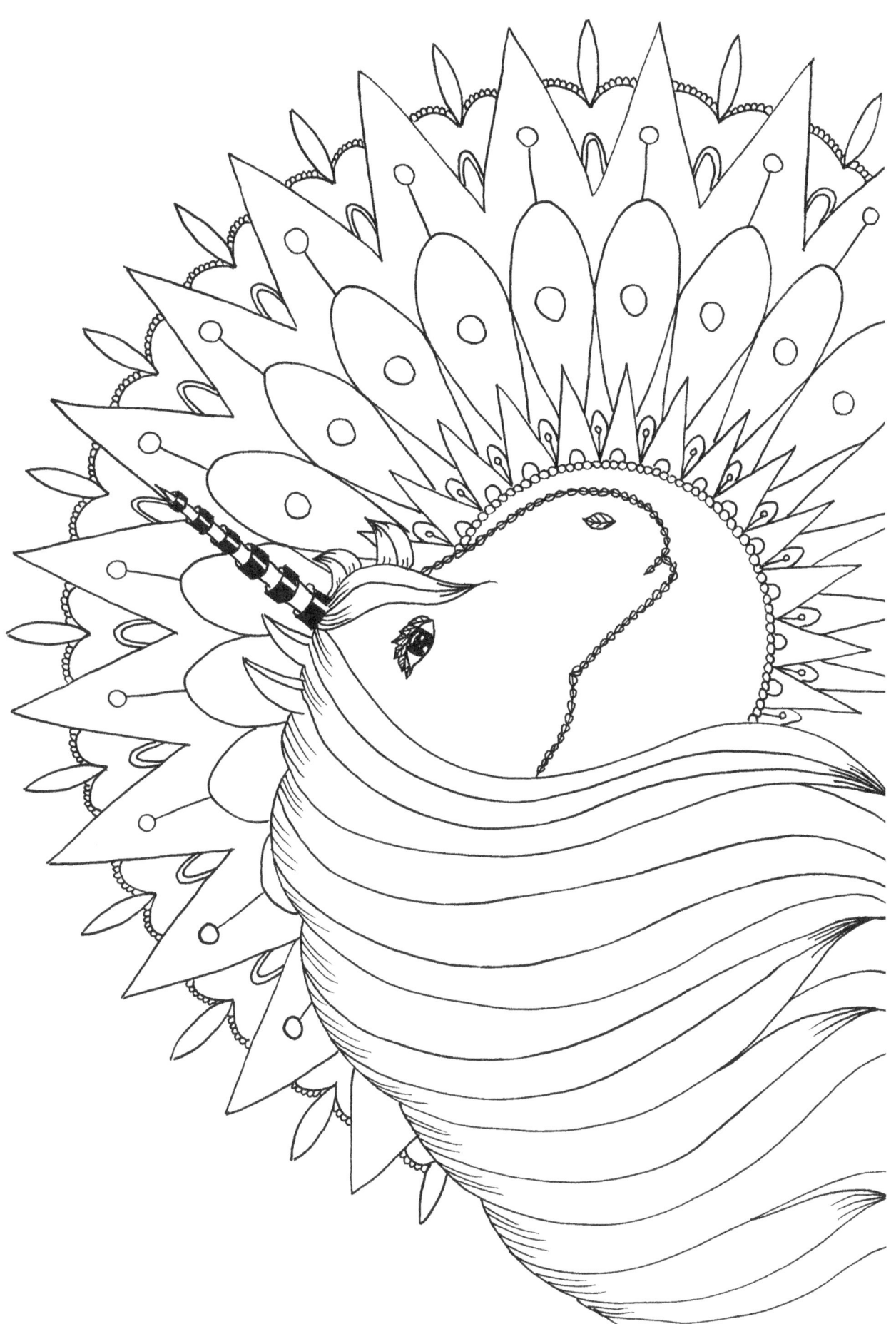

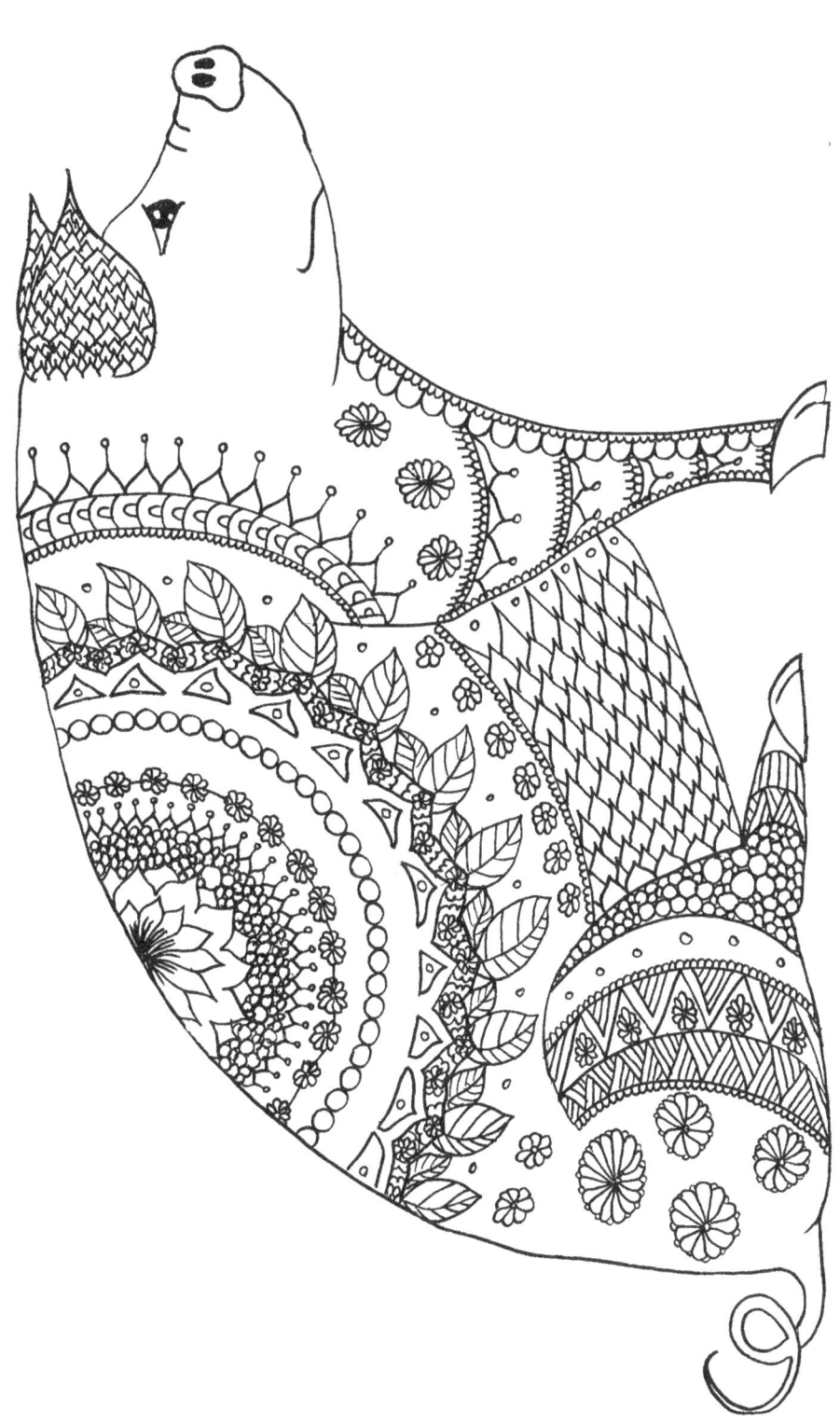

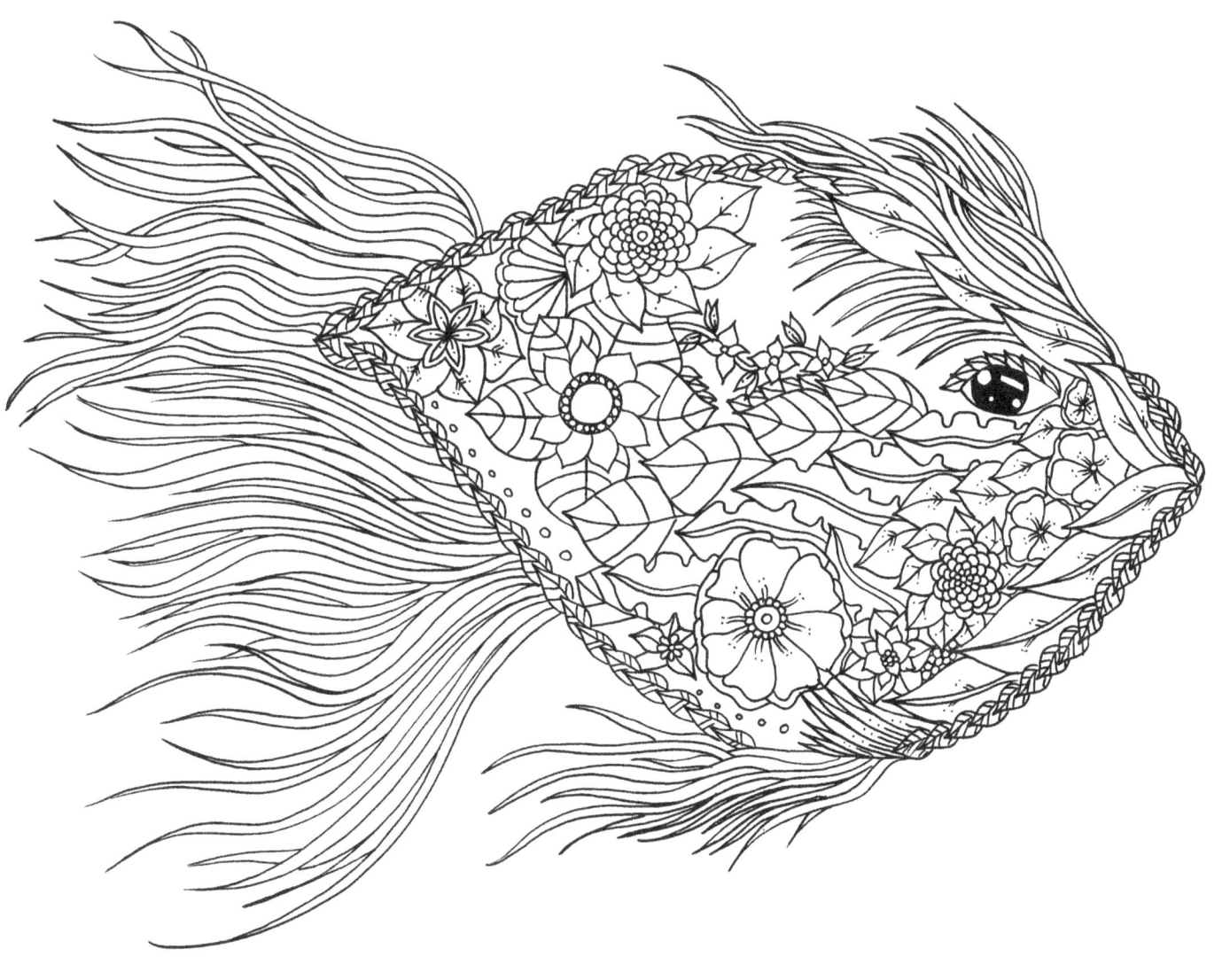

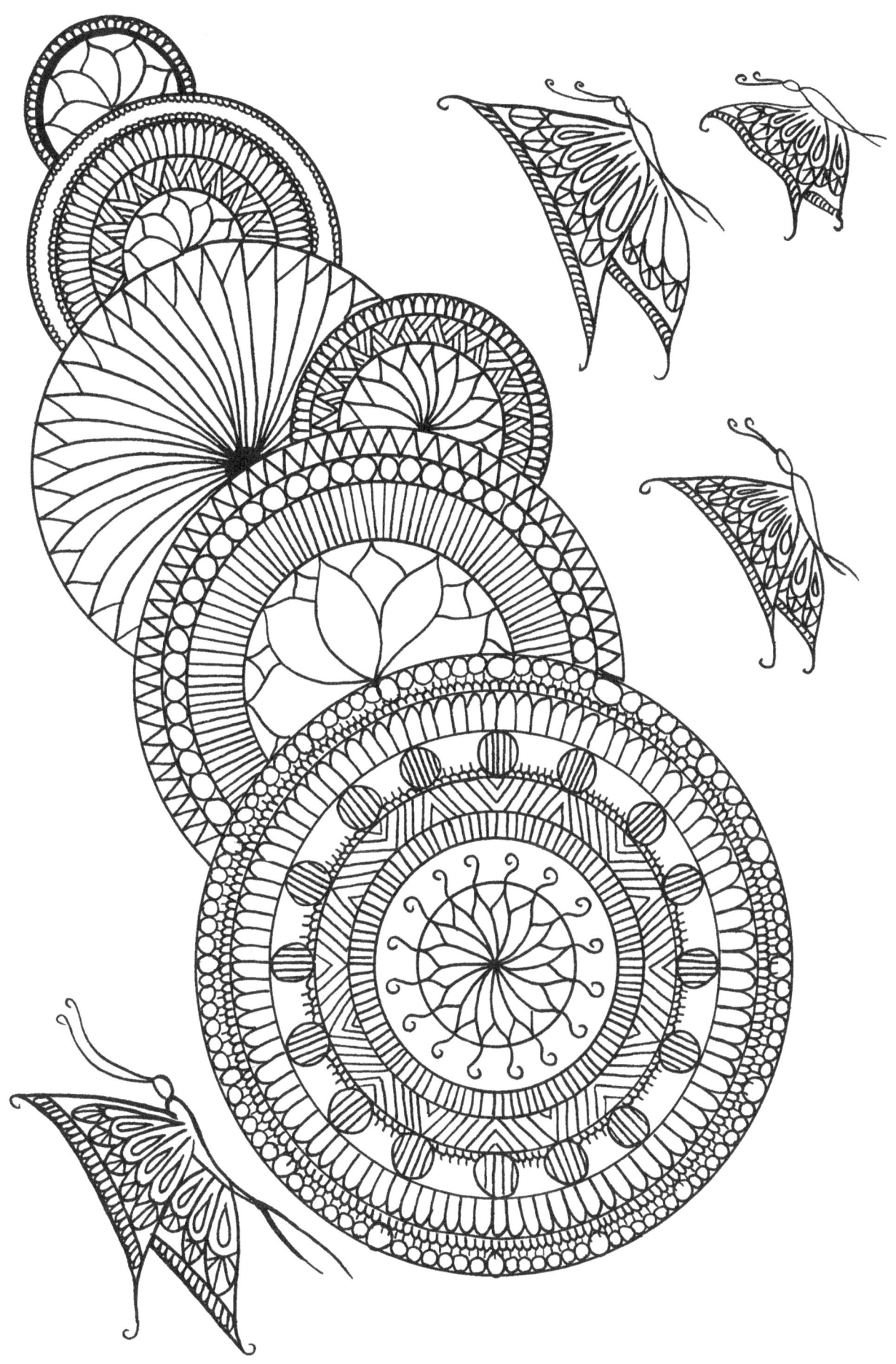

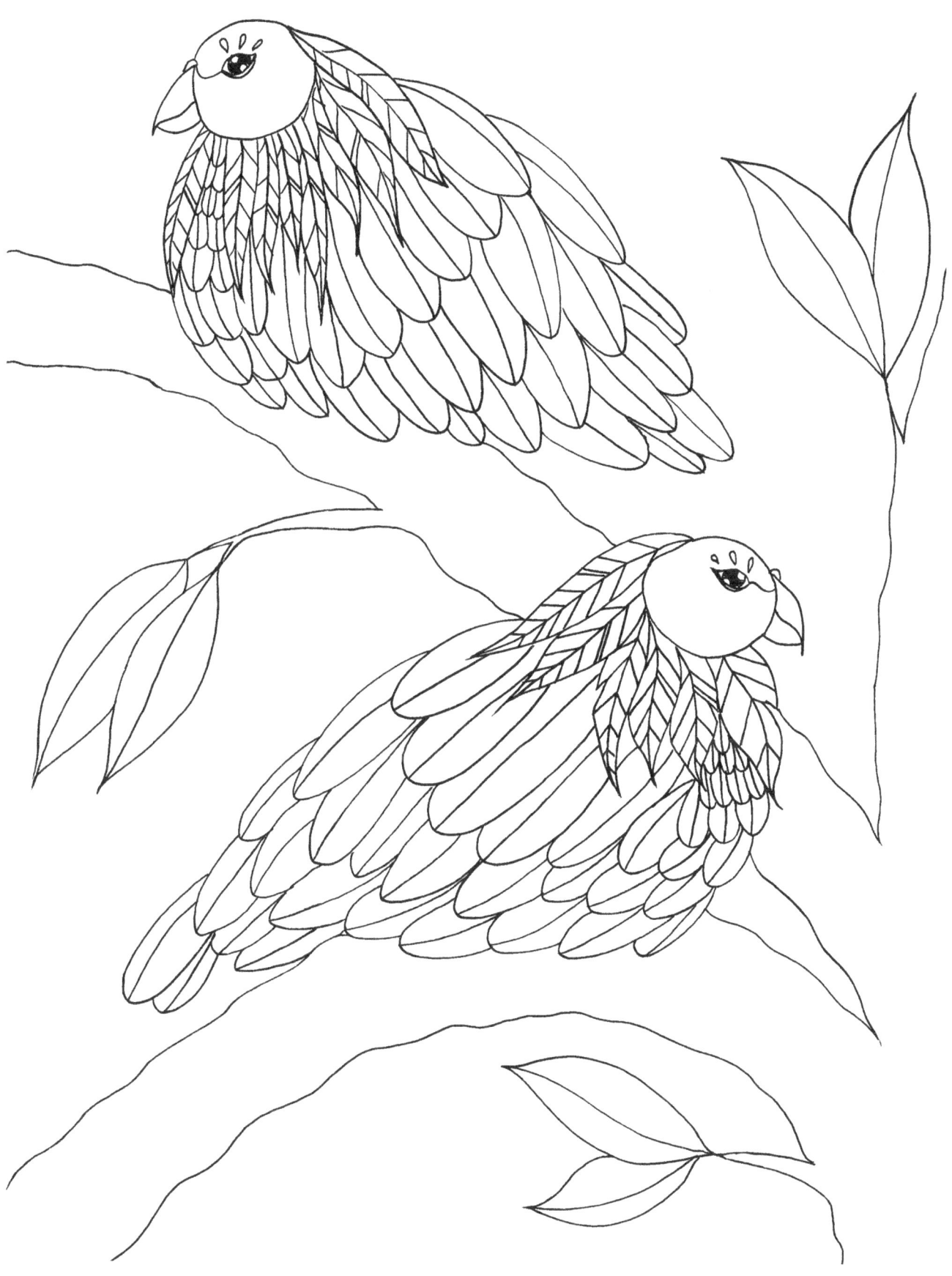

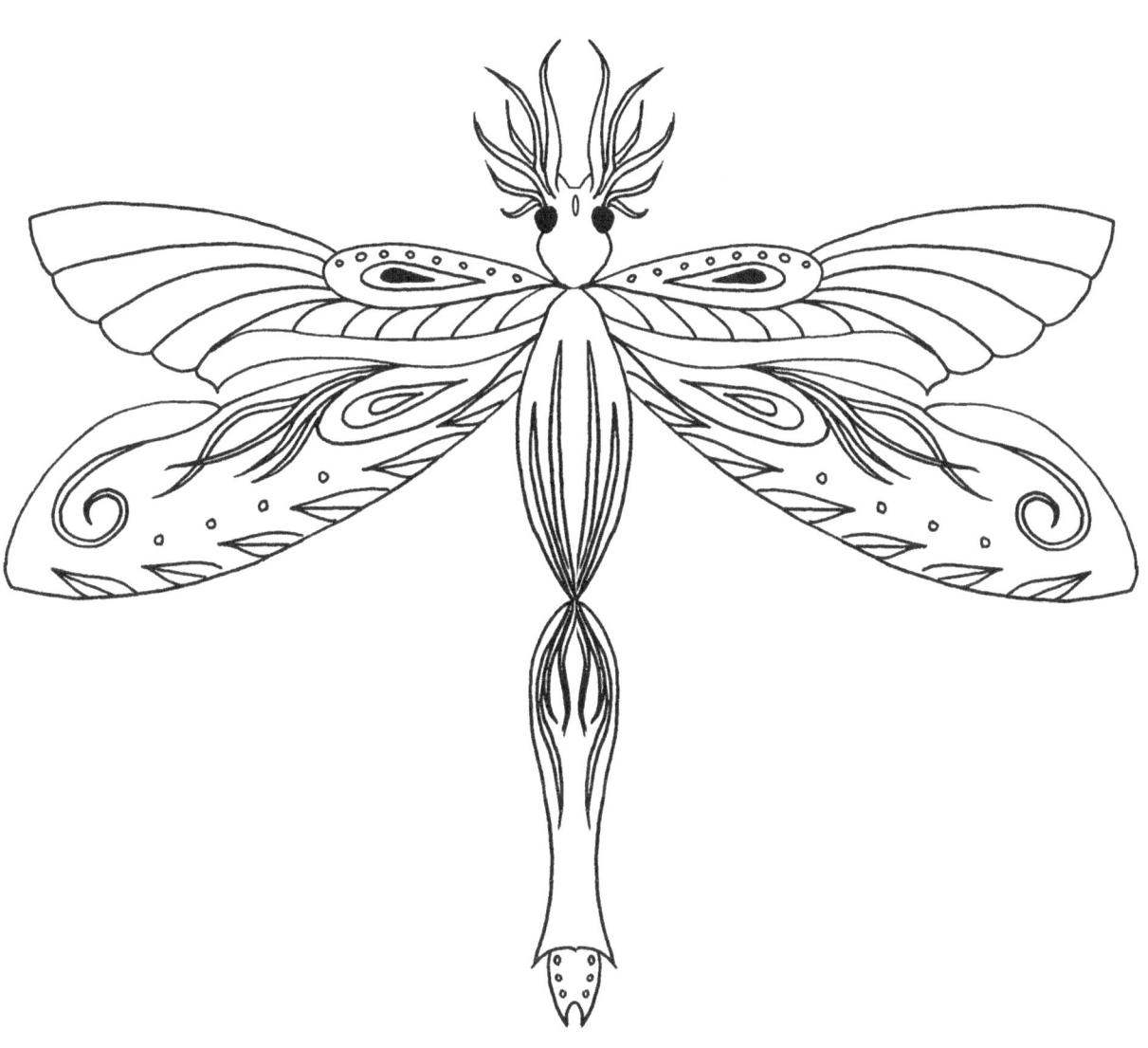

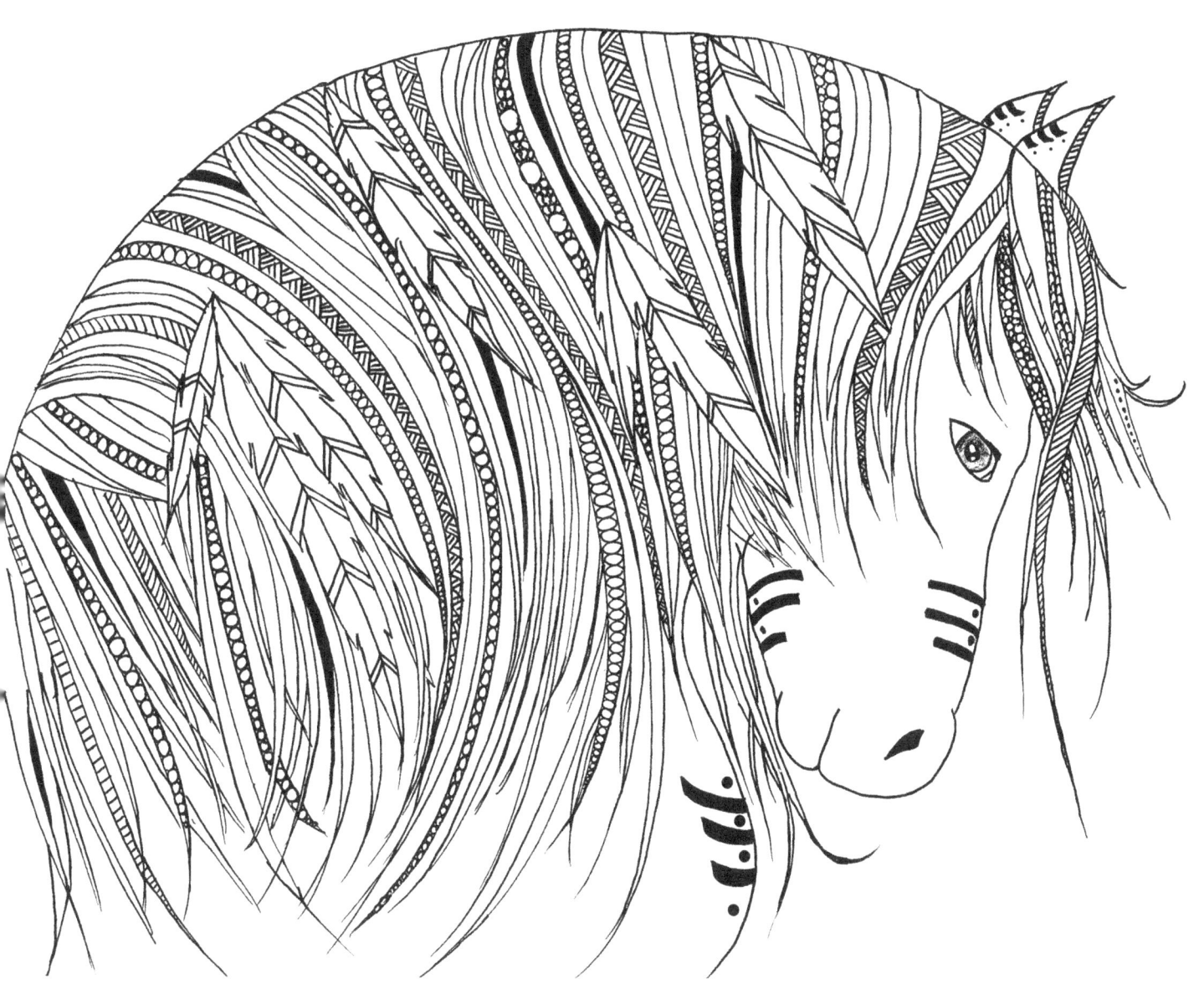

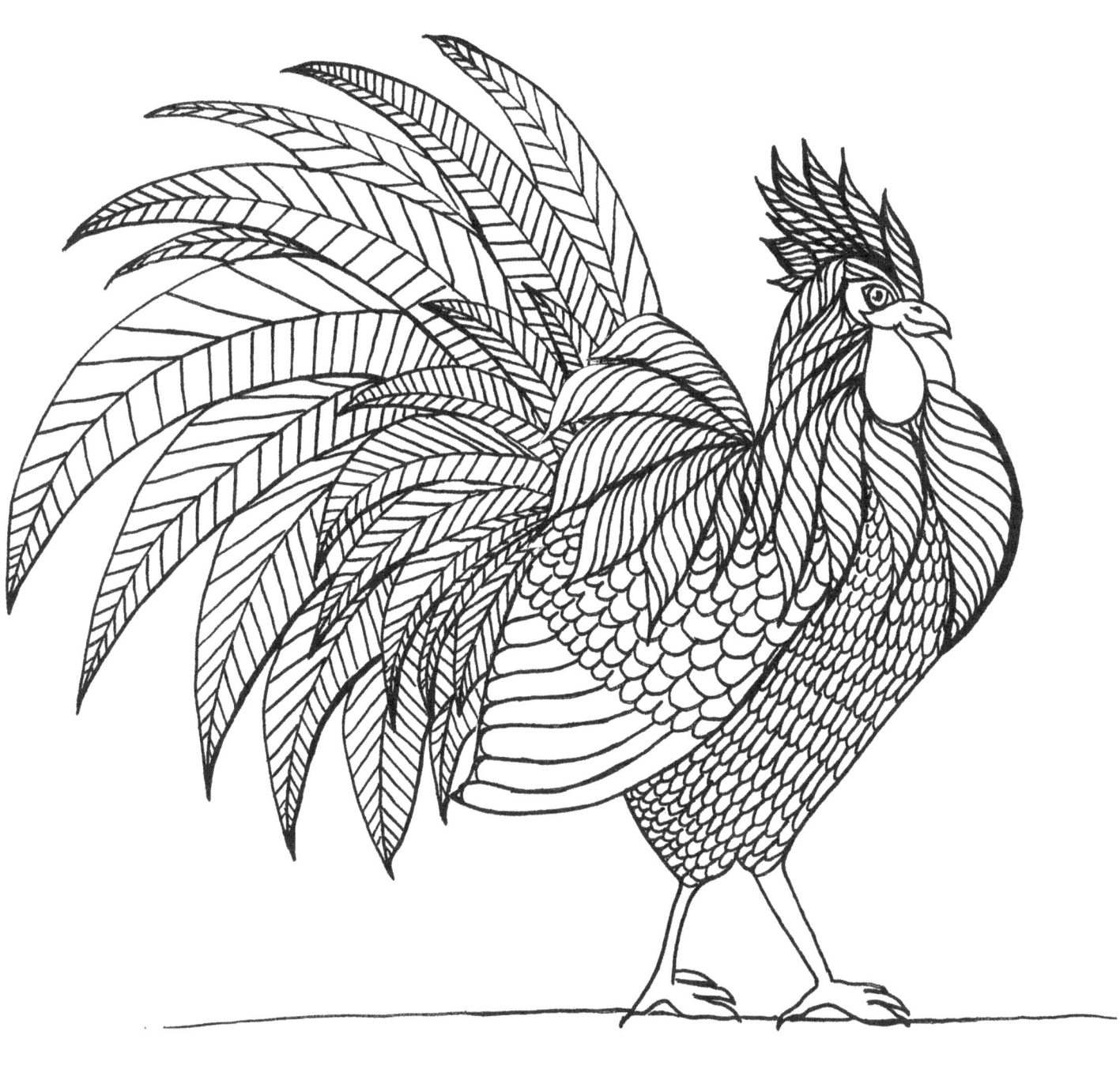

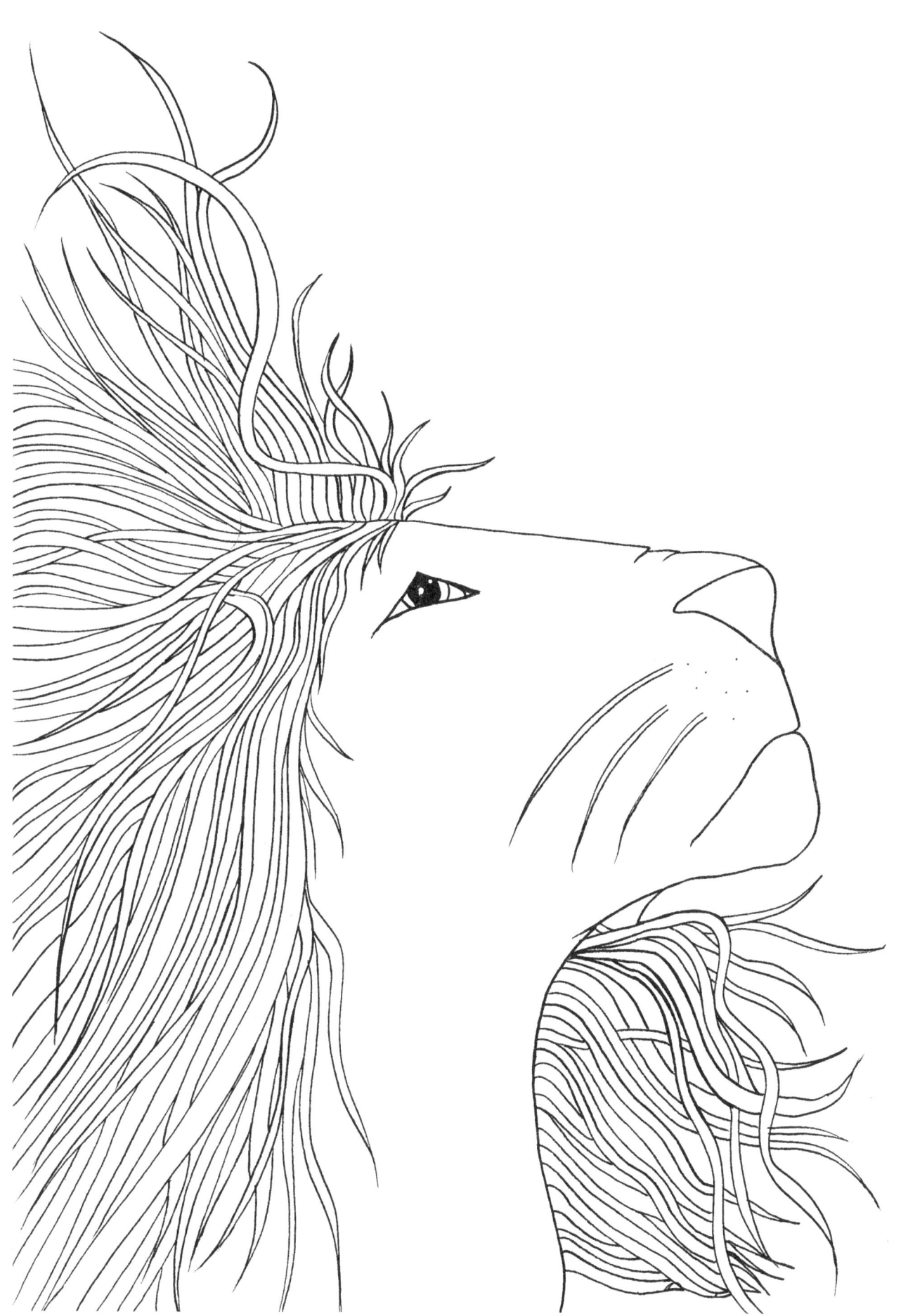

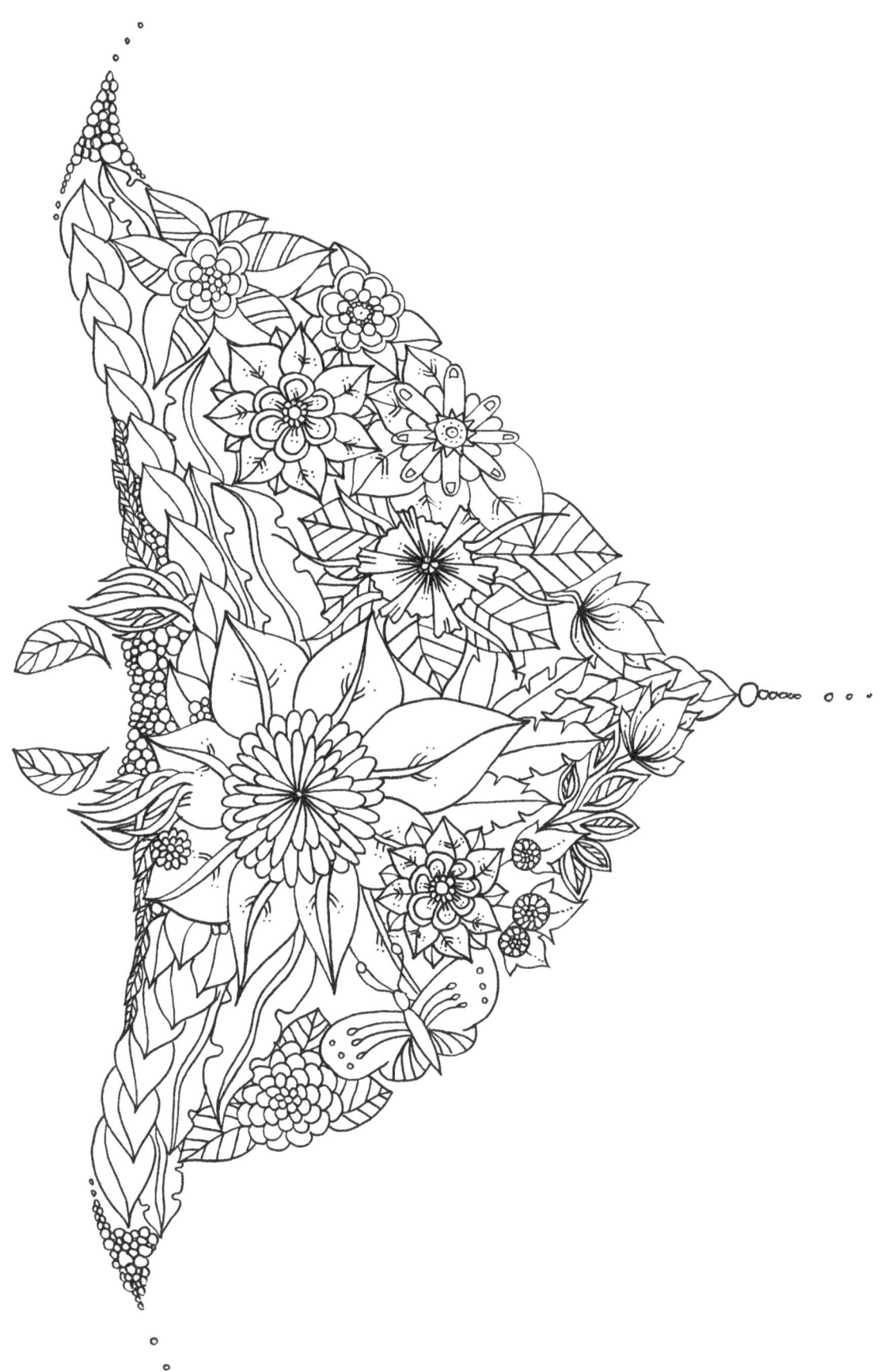

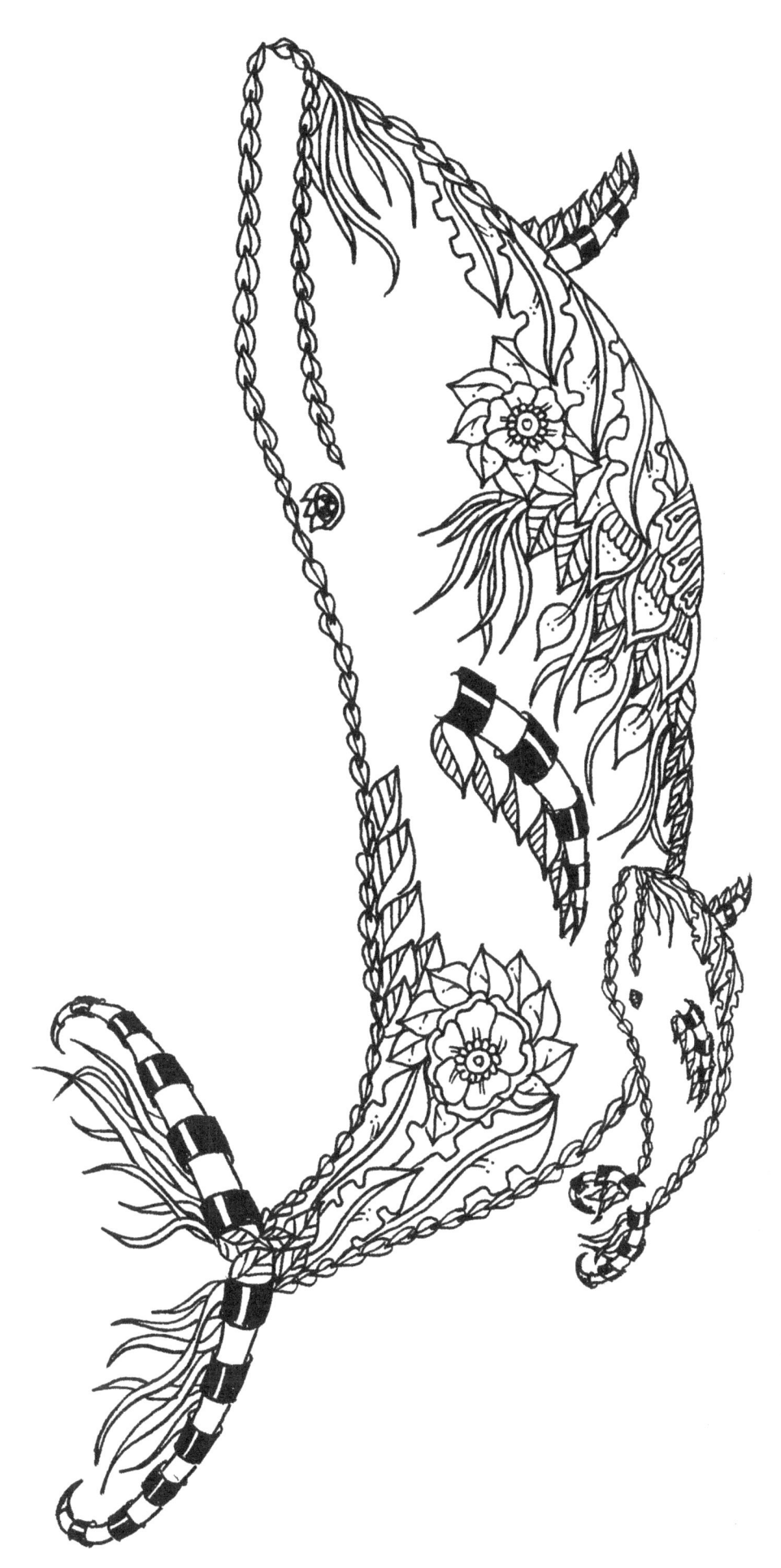

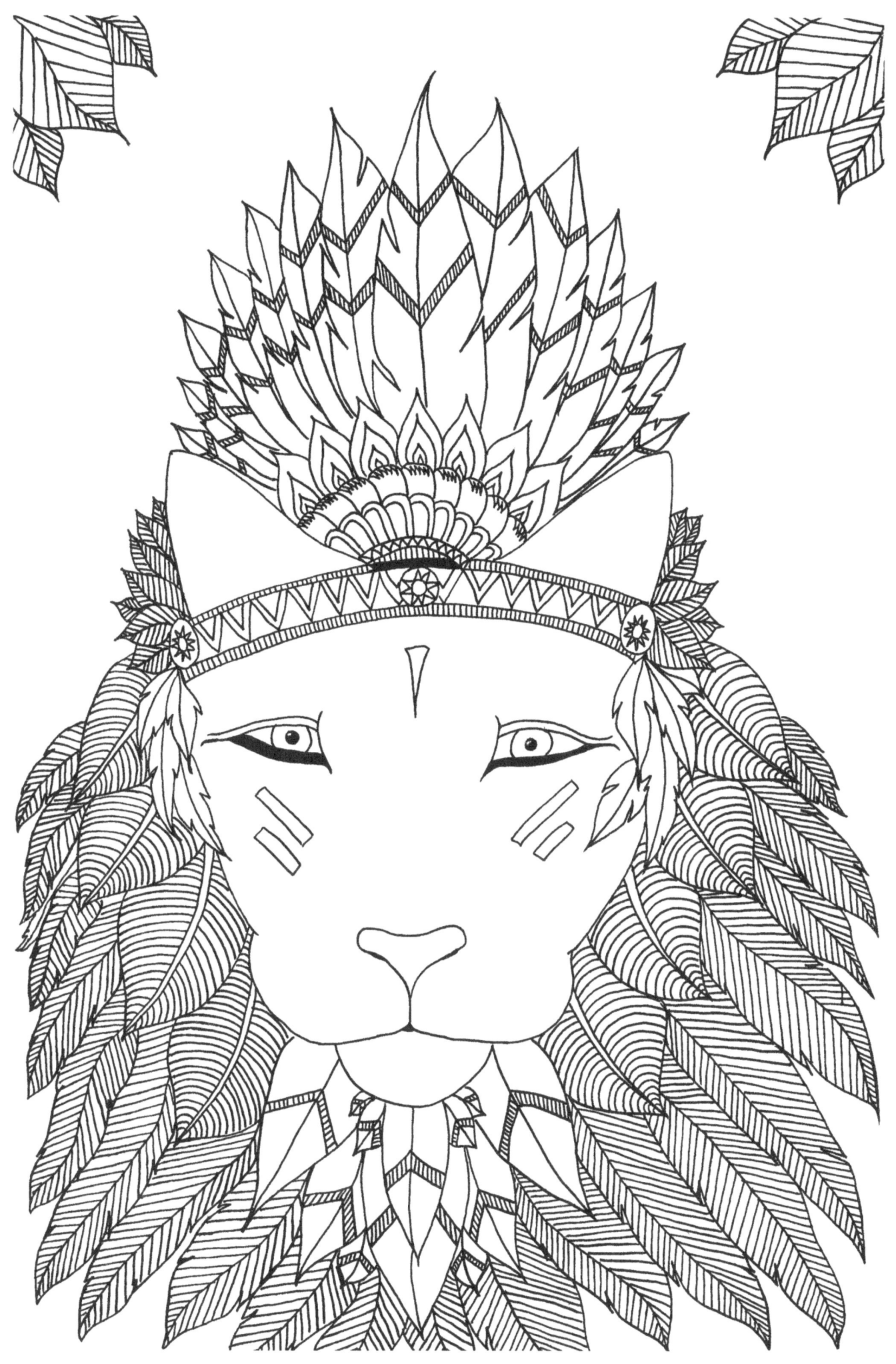

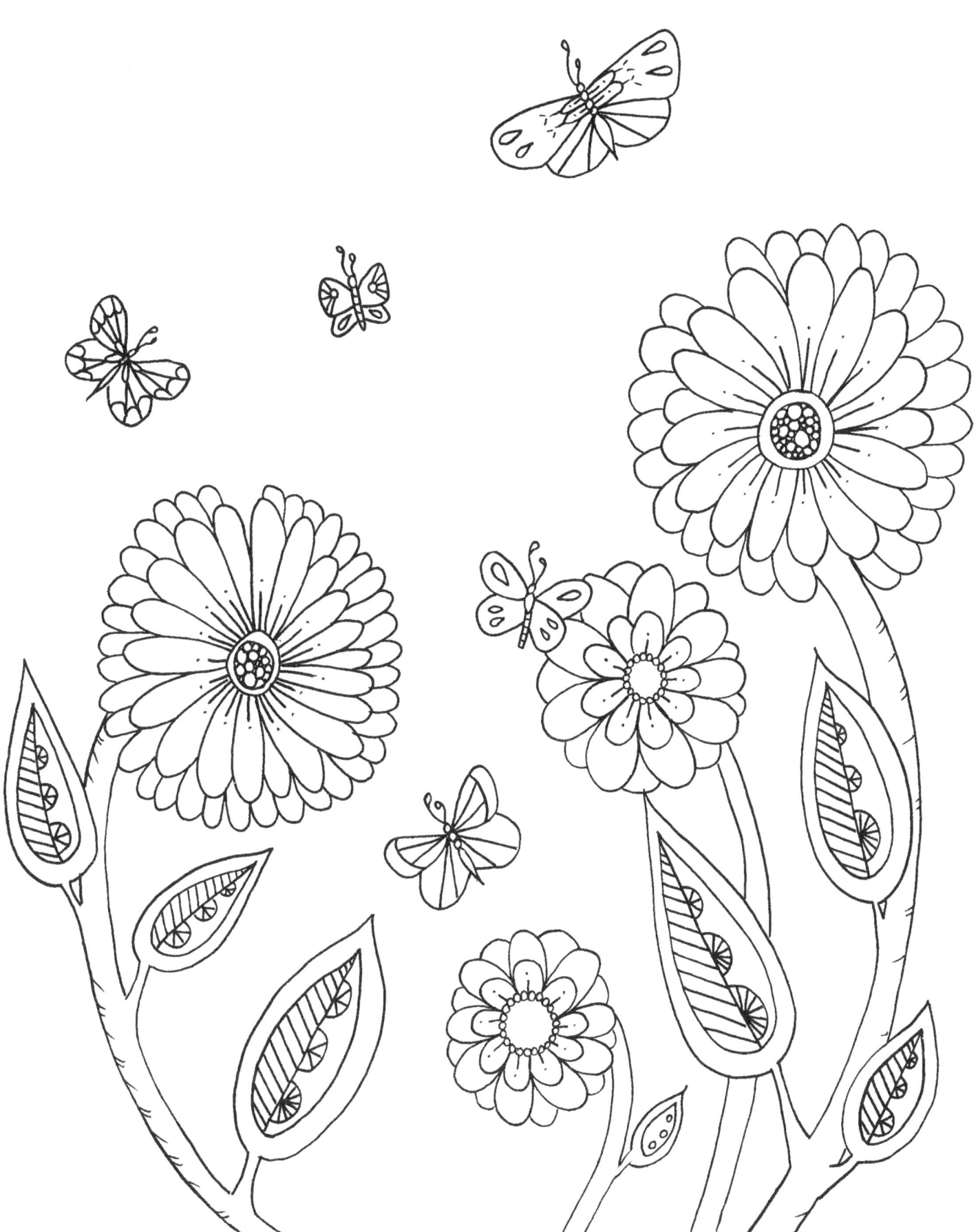

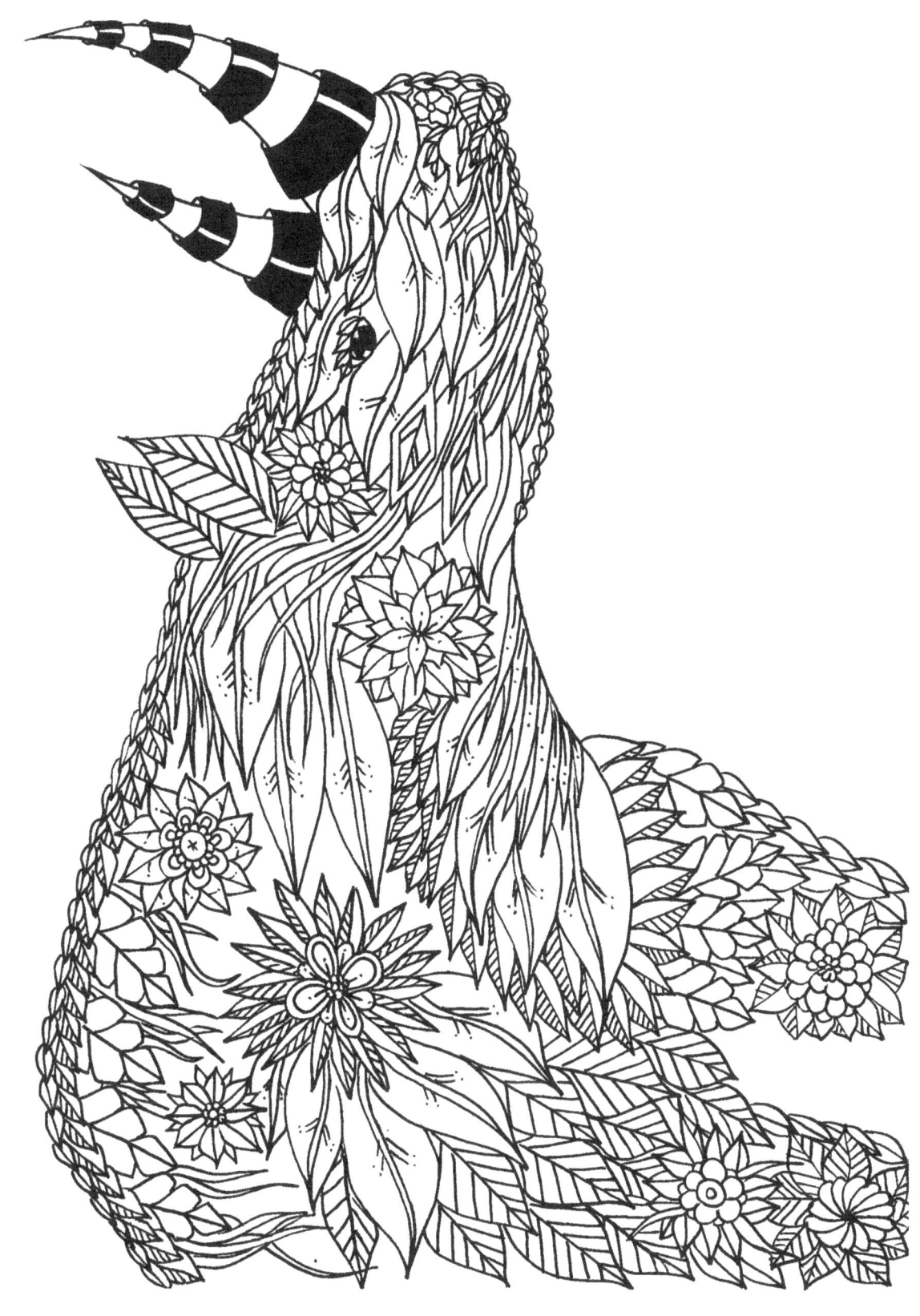

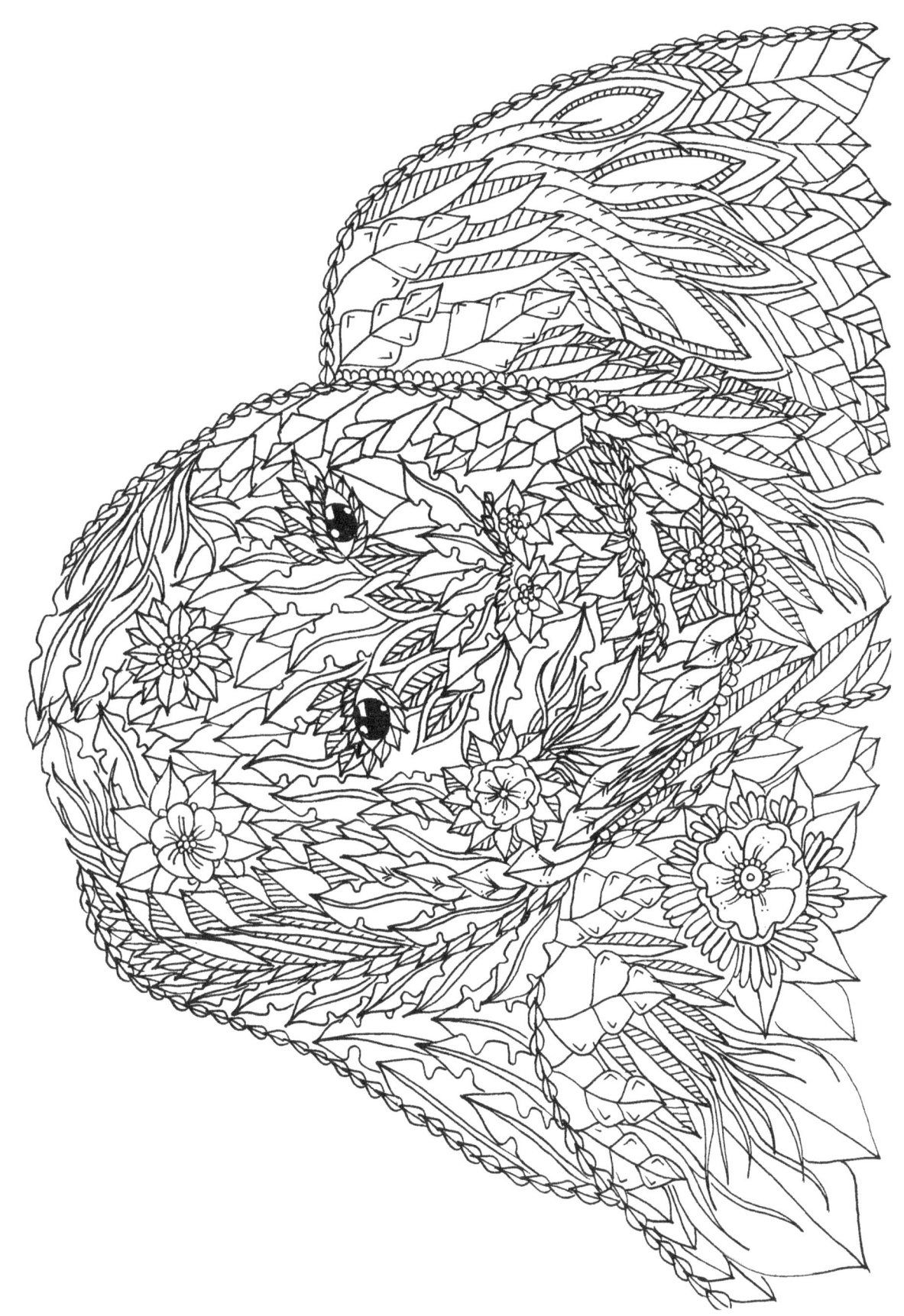

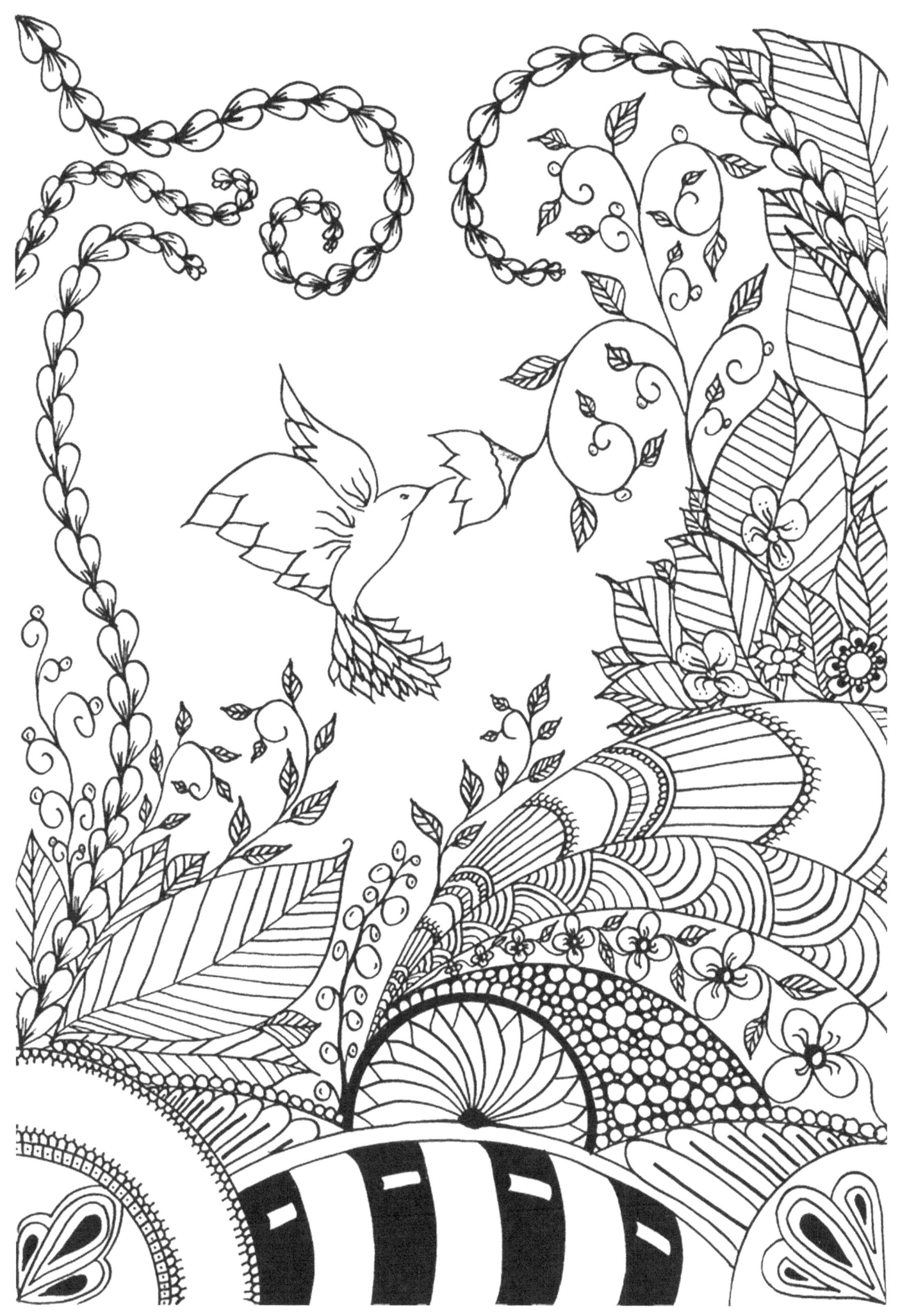

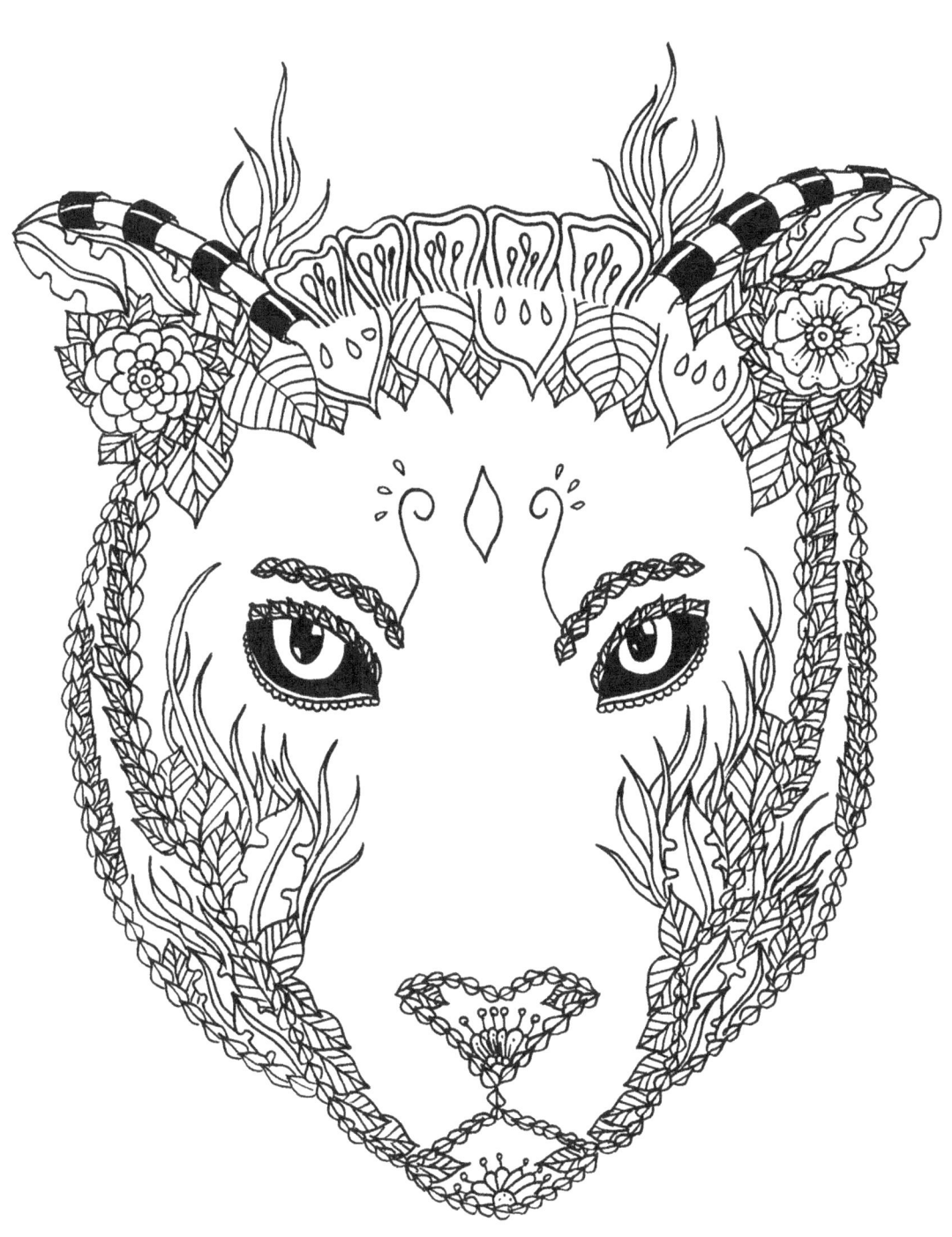

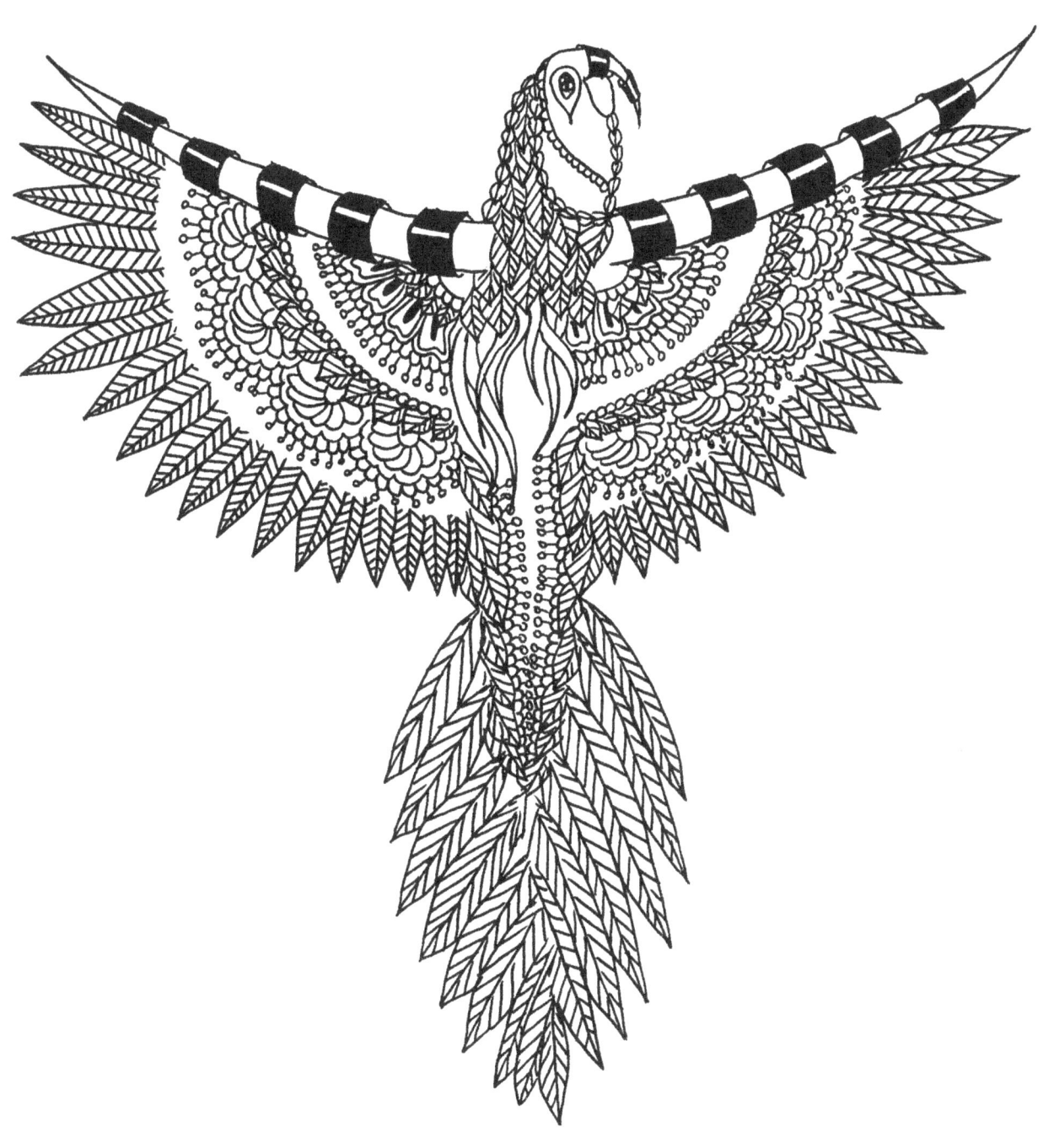

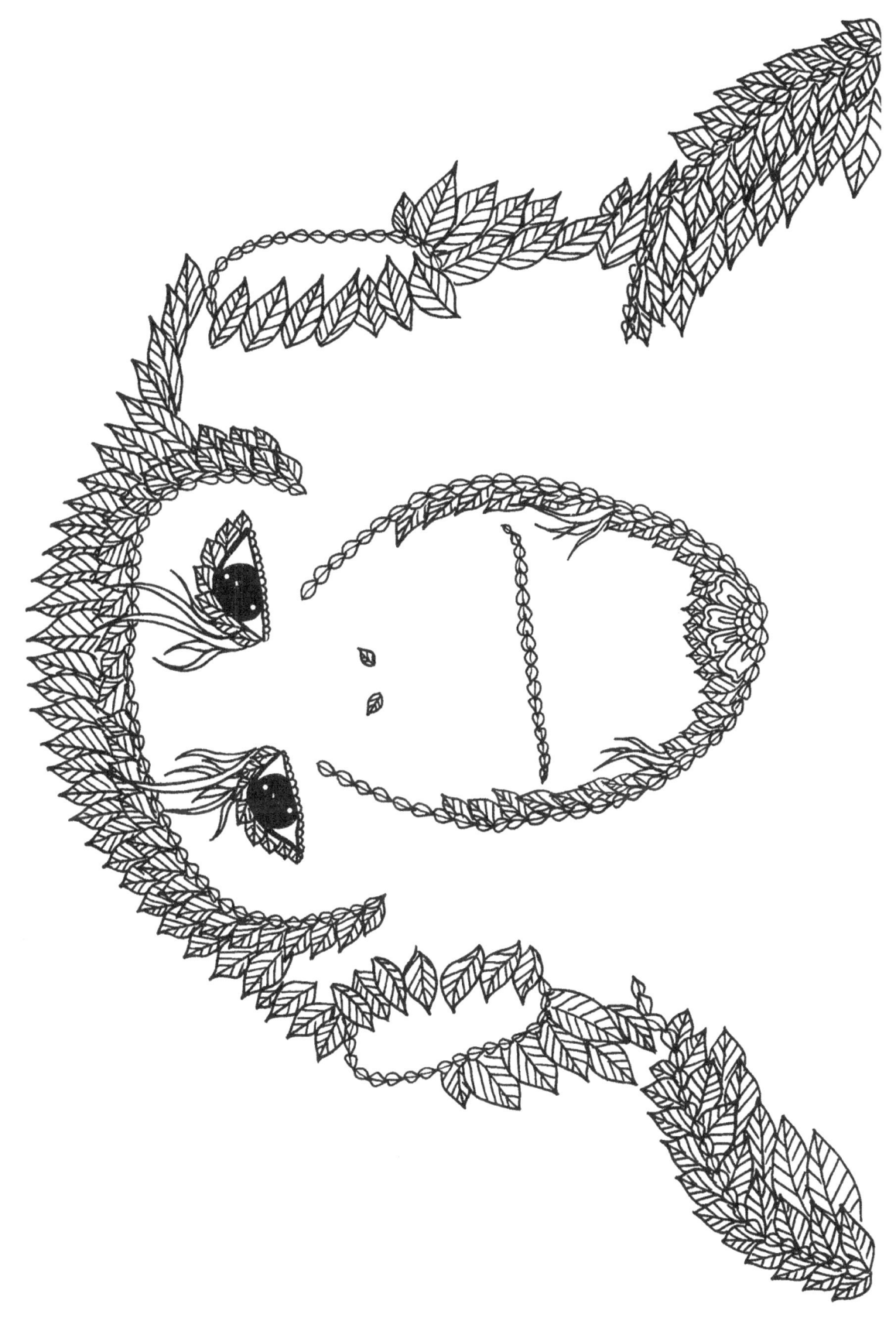

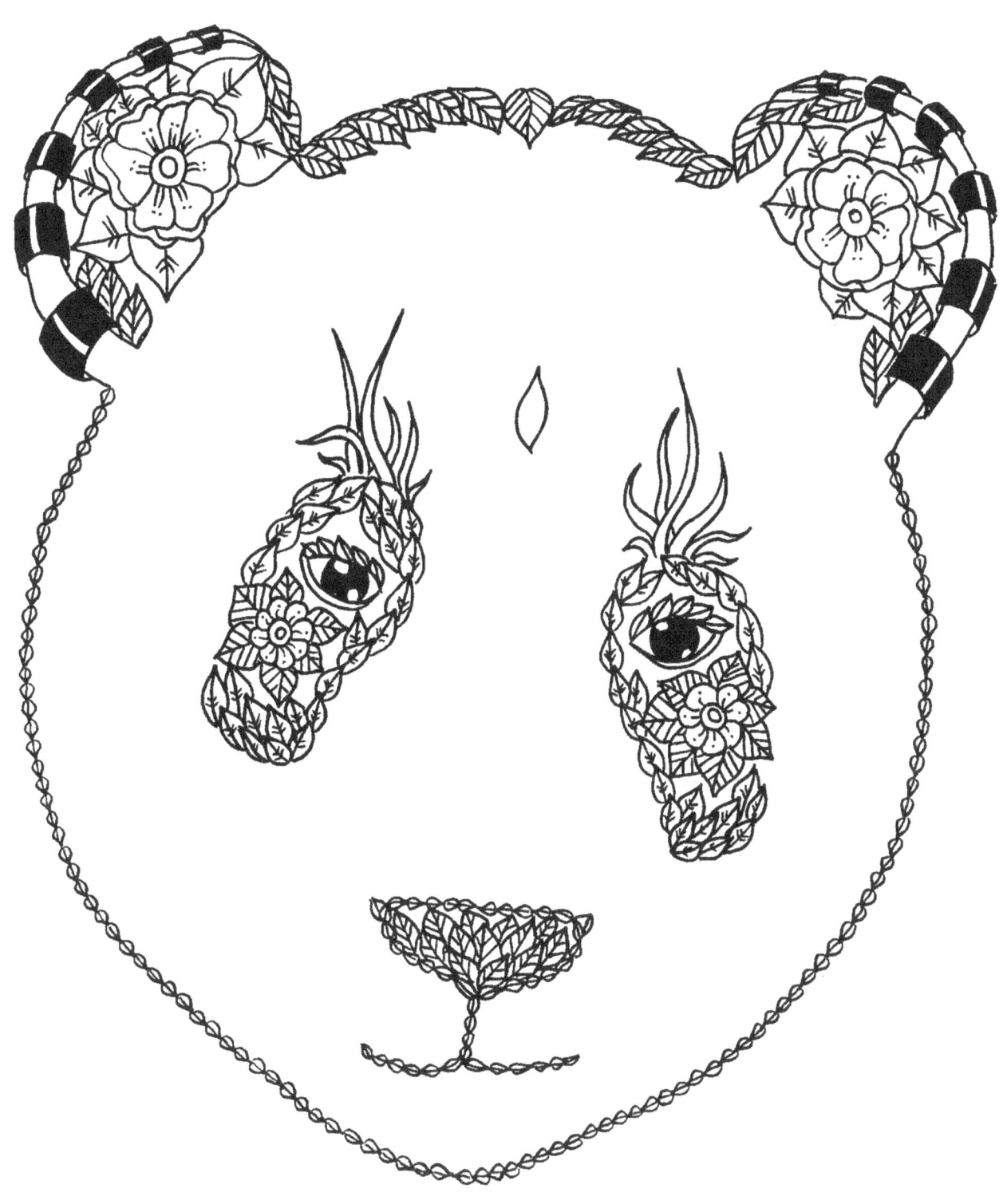

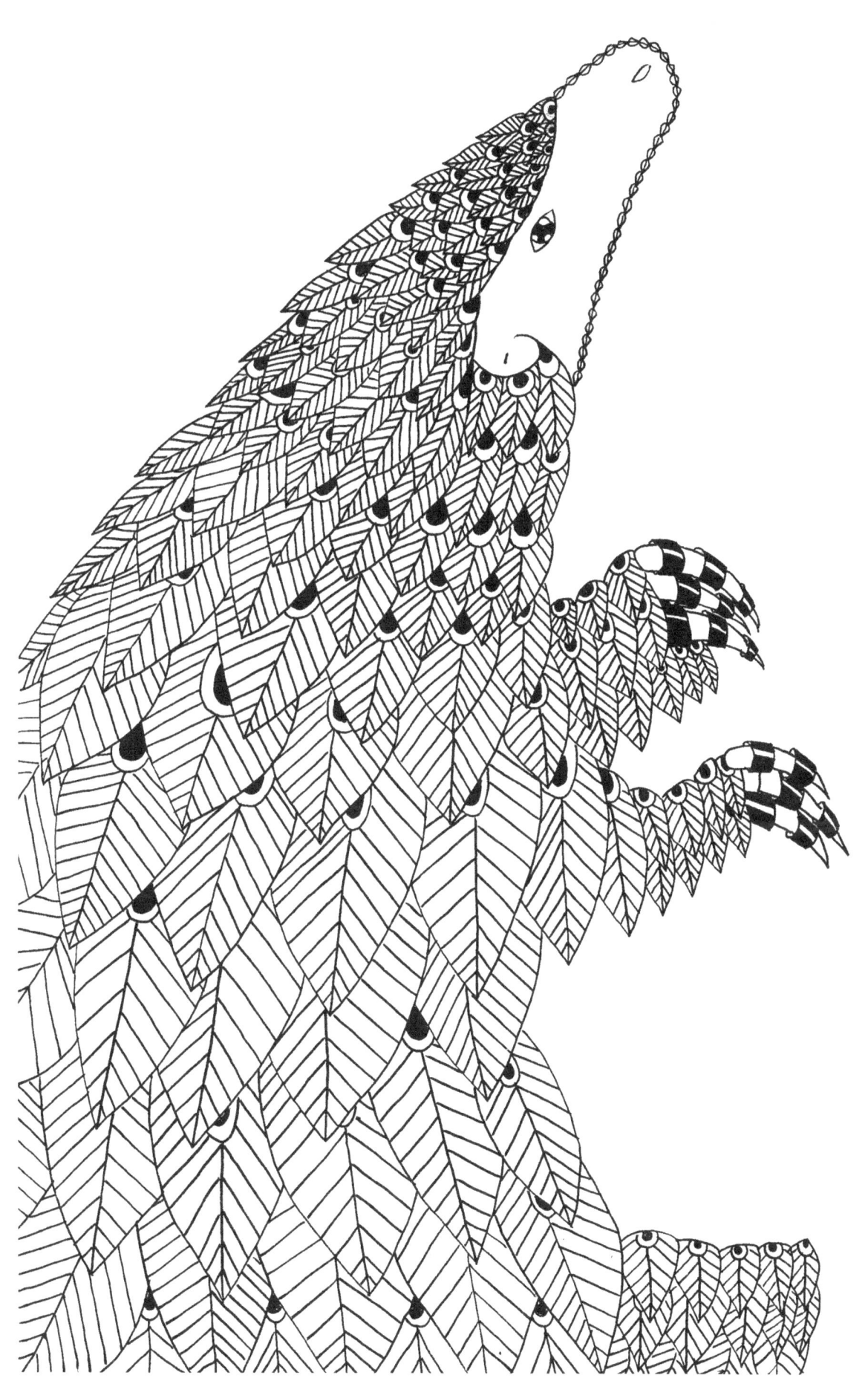

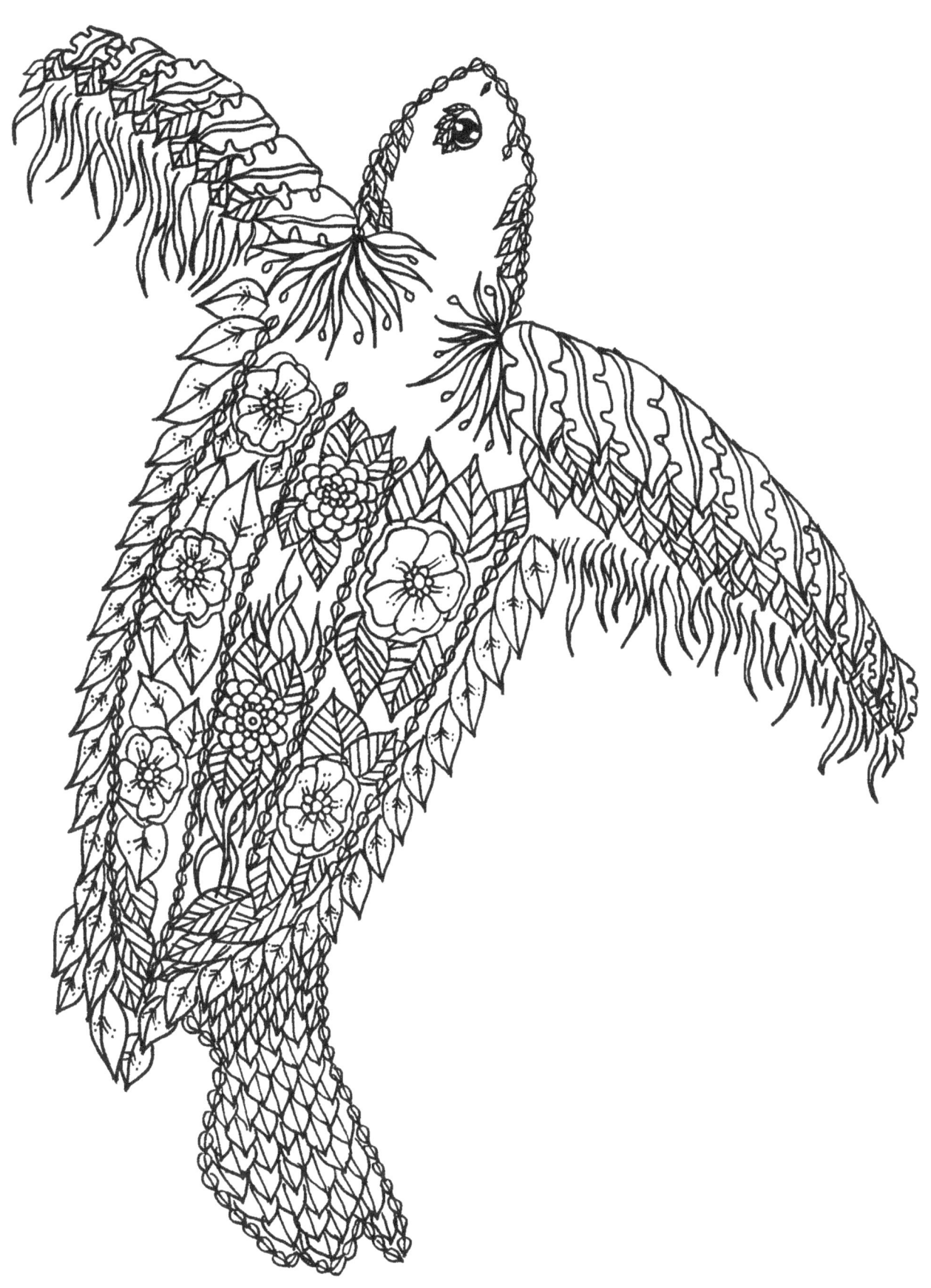

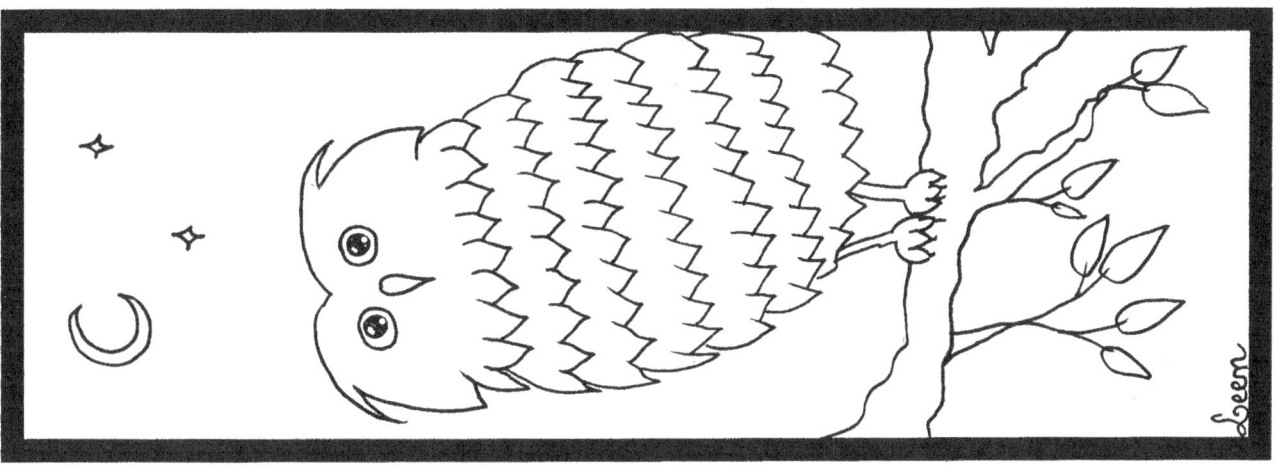
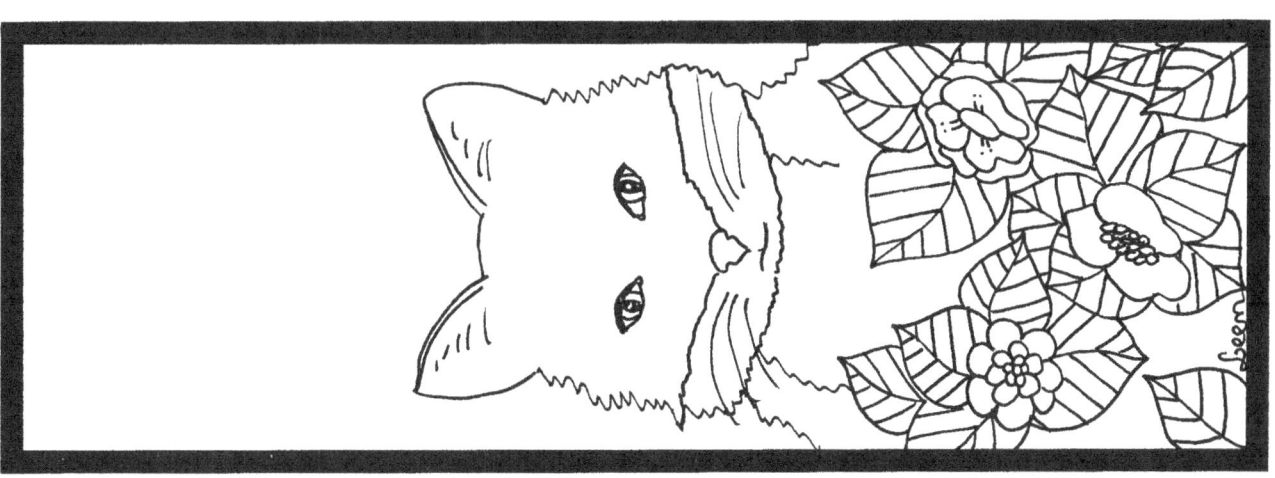
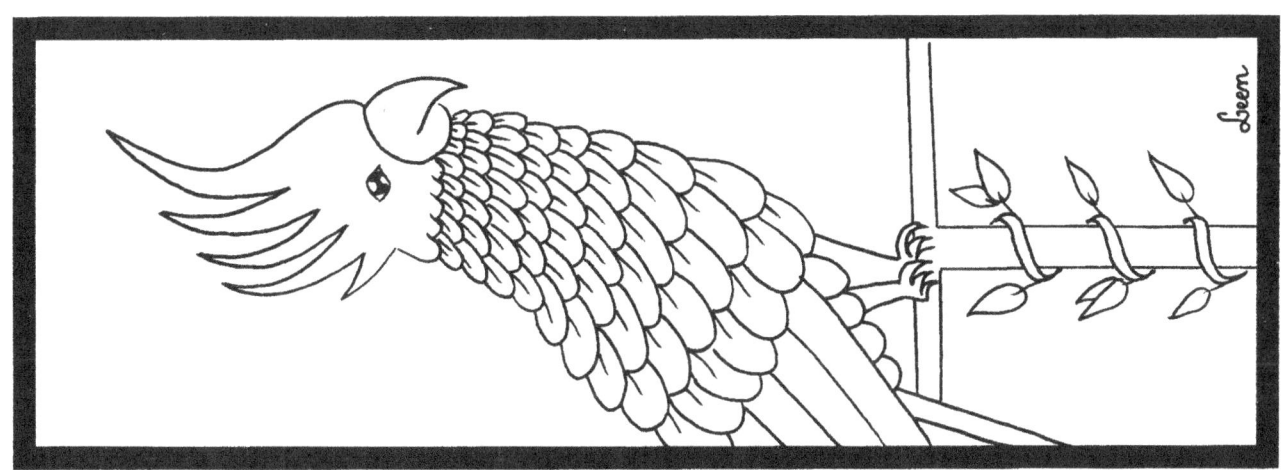

www.ingramcontent.com/pod-product-compliance
Lightning Source LLC
Chambersburg PA
CBHW082352220526
45470CB00008B/2719